野口悠紀雄

Yukio Noguchi

A super study of taxation

「超」税金学

新潮社

目次

「超」納税法・目次

Chapter 1

第1章

消費税の「益税」という問題

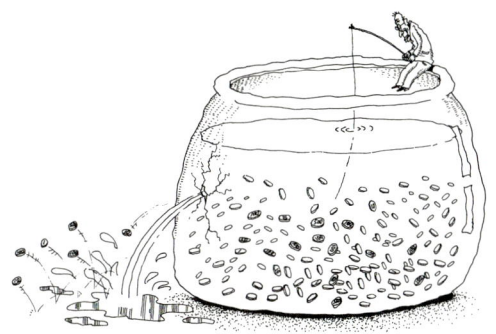

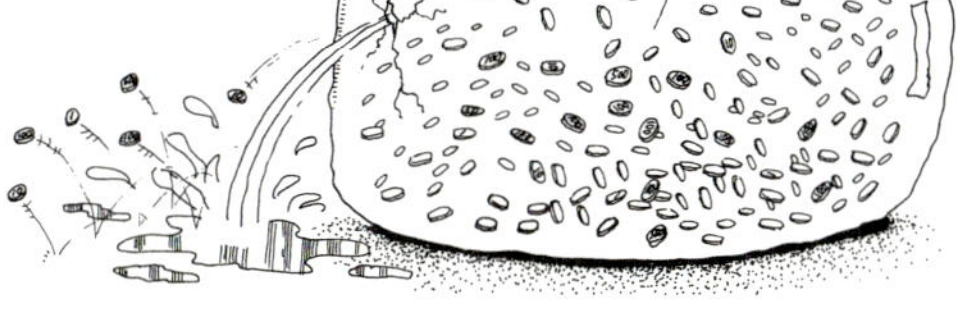

消費税は基幹的な税の1つであり、将来の高齢化社会において社会保障給付を賄《まかな》うために重要な役割を果たすものと考えられている。こうした事情があるので、消費税率の引上げは、近い将来に重要な政治的課題になる。

それにもかかわらず、現実の消費税は大きな制度上の欠陥を抱えている。その代表が「益税」といわれるものだ。この章では、益税が発生するメカニズムについて述べる。

1 消費税の仕組みを知らなかった新聞社

私の要求を理解しなかった担当者

いまから約6年前のことである。１９９７年4月に、消費税の税率がそれまでの3％から5％に引き上げられた（なお、この税率は、消費税率と地方消費税率の和である。納税者にとってはこの2つを区別する必要がないので、今後もこのように表記する）。私はその当時ある新聞にコラムを連載していたのだが、消費税率の引上げにもかかわらず、原稿料の支払額は変わらなかった。そこで、数カ月してから担当者に電話をかけて、「原稿料の支払額を１・９％引き上げてほしい」と頼んだ。

しかし、まったく取り合ってもらえなかった。担当者は、私がなぜこの要求をするのかを理解できないようだった。「消費税の税率が引き上げられたから」と説明したのだが、「それは原稿料とは無関係でしょう」という反応。他の執筆者でそんなことを言ってきた人はいないので、私だけが欲の皮の突っ張った（それにしてはやけに細かい）要求をしてきたと思われてしまったようだ。

当然のことながら、その新聞は、消費税率引上げのニュースを連日のように報道していた。しかし、それが現実の経済取引にどのように影響するかを理解していた人は、いなかったようだ。

消費税率が上がれば店で支払う額が高くなるとは知っていても、原稿料支払いにも影響するとは思っていなかったのだ。

考えてみれば無理もない。消費税の構造は所得税や法人税に比べれば簡単だが、徴税の手続きはそれほど簡単ではない。消費税は多くの人にとって日常的な存在であるにもかかわらず、それがどのような仕組みで国庫に収納されるかを知っている人は少ない。私の要求が取り合ってもらえなかったのは、このためだ。

新聞社は税務署と仕入先に消費税を払う

消費税徴税の仕組みを、新聞の場合について仮想的な数字で説明すれば、つぎのようになる。

消費税がない場合に、朝刊が1部100円で売られていたものとしよう。新聞を作るためには、さまざまな原材料の仕入れがある。消費税がない場合の仕入れ額は、1部あたり紙20円、印刷用インク15円、電気代10円等々で、合計70円であったものとしよう。私の連載コラムの原稿料もこの70円の一部なのだが、これは1円であるとしよう（もちろん、実際はこんな大きな比重ではない。これは便宜上の数字である）。

ここで税率3％の消費税が導入されたとすると、新聞は103円で売られることになる。3円は消費税だ。読者は、それまでより3円だけ高く新聞を購入することによって、消費税を負担する。つまり、新聞社は、1部あたり3円を消費税分として読者から「預かる」わけだ。しかし、新聞社は、このすべてを税務署に納めるわけではない。

消費税は、最終段階の製品（この場合は新聞）だけに課税されるのでなく、中間段階の製品やサービス（紙、印刷用インクなど）にも課税されている。したがって、新聞社が購入する原材料は、いまや72・1円に値上がりしている。つまり、新聞社は、読者から預かった消費税3円のうち、2・1円は、仕入先に支払うのである。そこで、新聞社が税務署に納めるべき税額は、3円から2・1円を差し引いた0・9円とされる。

これは、新聞社の「付加価値」30円（100円の売り上げから原材料費70円を引いたもの）の3％にもあたる。日本の消費税がモデルとした欧州の税が「付加価値税」と呼ばれているのは、このためだ。

税率が引き上げられた場合

税率が5％になれば、読者から預かる消費税は5円となり、仕入れに含まれる消費税は3・5円となる。そこで、1・5円を新聞社が税務署に納めるわけだ。

注意していただきたいのは、消費税の計算において、新聞社が「仕入れに含まれている消費税」として控除する額が、2・1円から3・5円に増加することだ。これまでは仕入れ額の3％を控除していたのだが、税率が5％に上がれば、仕入れ額の5％を控除することになるのである。もしそうしなければ、新聞社が負担すべき消費税は、付加価値の5％よりは大きくなってしまう。

新聞社からみれば、私の原稿も「仕入れ」の一部となっているので、これまでは消費税込みで1・03円で購入していたのを、税率引き上げ後は1・05円で購入することになるはずだ。つまり、私に対する支払いを1・03円から1・05円へと1・9％だけ引き上げる必要がある。私の冒頭の要求は、このような理由によるものだ。

もし私への支払いを1・03円のままにしておくと、消費税分として実際には0・03円しか私に支払っていないのに0・05円を控除することになり、新聞社は消費税に関して脱税をしていることになってしまう。

以上は新聞社側から見た事情だが、私の側から見ても、同じ結論になる。パソコンや紙代などの私にとっての「仕入れ」が、原稿料の半分であるとしよう。私の段階での付加価値は0・5円であるから、税率5％の場合に私が税務署に納めるべき消費税は0・025円だ。残り0・025円は、新聞社の場合と同じように、仕入れ額が高くなることによって仕入先に支払うのである。

1円の原稿料という「売り上げ」に対して、私はそれまでは0・03円の消費税を支払っていた(うち、0・015円は税務署に対して。残り0・015円は仕入先に対して)。税率引き上げ後は0・05円を支払う必要がある。この消費税は私が負担するものではなく、新聞社を通じて読者に負担してもらう必要がある。だから、新聞社は、読者から預かった5円の消費税のうちの100分の1にあたる0・05円を、私に支払う必要があるのだ。

結局、税率5％の消費税がどのようにして税務署に納められるかをまとめてみれば、つぎのようになる。

《1》新聞社は、新聞の価格に消費税分5円を上乗せして販売することにより、読者から消費税を預かる。

《2》このうち、新聞社段階での付加価値に対する1・5円を税務署に納める。残り3・5円は、仕入額に含めることによって、仕入れ先に支払う。

《3》原稿執筆者である私は、読者が負担した消費税5円のうちの0・05円を、原稿料に上乗せする形で新聞社から受け取る。私は、そのうち、0・025円を税務署に納め、残りは仕入れ先に支払う。

消費税は多段階で課税する間接税

これが消費税の徴税の仕組みである。『「超」納税法』で述べた所得税、法人税、相続税などと大きく異なる点は、税を負担する人(この例では新聞の読者)が、直接に税務署に納めるわけではないことだ。税負担者は、購入価格が税額だけ上昇することによって税を負担する。他方で、税を納めるのは、各段階での取引者だ。

このように、税負担者と納税義務者が異なる税を「間接税」という(これに対して、所得税や法人税のように税負担者と納税義務者が同一である税を「直接税」という)。間接税には、消費税の他にも、揮発油税、酒税などさまざまなものがある。

消費税が他の間接税と異なるのは、1つの消費財(この場合は新聞)に対して、複数の取引段階で課税されることだ。つまり、納税者は、新聞社の他に、紙製造者、インク製造者、原稿執筆者などとなる。

このように、消費税徴税の仕組みは、決して簡単ではない。しかも、以上で述べたのは大まかな構造であり、実際の仕組みはあとで述べるようにもう少し複雑だ。

さて、冒頭の話に戻ると、新聞社は、消費税率引上げに伴って、私の原稿料をそれまでの1円から0・98円に下げるという経理処理をしたのかもしれない。そうなら、消費税込みの支払額は1・03円のままである。

しかし、私は原稿料を引き下げるという通告は受けていない。実際、所得税の手続き上の新聞社からの支払い通知書に記載されている金額では、原稿料は1円のままで変わっていないのである。

すると、新聞社はいったいどのような経理処理をしていたのだろうか？　私は大変興味を抱いたのだが、暫くしてから消費税を正しく反映した支払いがなされるようになったので、これ以上追及するのはやめてしまった。ただし、疑問は、いまにいたるまで残っている。

2 消費者が負担した消費税が業者のポケットに入ってしまう

転嫁の仕組み

1で述べた説明を繰り返そう。消費者が負担した消費税（5円）を業者（新聞社）が預かる。その一部（1・5円）は税務署に納税し、残り（3・5円）は仕入れ価格に上乗せして他の業者（私など）に支払う。業者（私）も、預かった消費税（0・05円）の一部（0・025円）を税務署に納税し、残り（0・025円）は他の業者に支払う。このようにして、消費者が負担した消費税がさまざまな業者によって納税されてゆくのである。

これは普通の教科書や解説書に書いてあるのとは逆方向の説明だ。普通の解説書は、つぎのように説明している。

最初の業者（仕入れがゼロの業者）が自分が納税した消費税を売値に上乗せして他の業者に転嫁する。その業者は、自分の納税分と仕入れに含まれていた消費税分を売値に上乗せしてつぎの業者に販売する。以下こうした連鎖が最終販売者まで続き、各段階での納税額の合計を最終的に消費者が負担する。

どちらで説明しても同じことだが、各段階で納税すべき消費税額の計算と関連付けるには、私の説明方法のほうがわかりやすい（それに、通常の説明に出てくる「仕入れがゼロの業者」というのは実際には誰なのかが、想像しにくい）。

消費税の納税者は誰か？

このような消費税納税（徴税）の仕組みは、「複雑」というほどのものではないが、それほど簡単でもない。「誰もがよく知っている」というものでもないだろう。実際、新聞社の担当者が、本来は自分の仕事に関係するにもかかわらず、知らなかったくらいだ。この話は大分前のことだったが、つい先だっても、別の出版社の経理部の人が知らなかった（つまり、消費税分を支払ってくれなかった）。

なぜ知らないのだろうか？　いくつかの理由が考えられるのだが、最大のものは、他の著者が私のような要求をしないからだろう。では、彼らはなぜ消費税上乗せを要求しないのだろう？　その理由として考えられるのは、彼らが消費税を納税していないことである。

ここで言う「納税」とは、「消費税を税務署に納める」という意味であることに注意していただきたい。彼らも消費者であるから、さまざまな買い物を通じて消費税を「負担」している。しかし、1で述べたように、消費税のような間接税では「負担者」と「納税者」は別である。ここで問題としているのは、他の著者が「納税」しているかどうかだ。もし税務署に消費税を納めないのなら、あえて新聞社に電話をして「原稿料に消費税分を上乗せしてくれ」と頼む必要はないのである。

では彼らはなぜ納税していないのだろうか？　これには、2つのケースがありうる。

第1は、彼らが納税義務を負っているにもかかわらず、消費税の税務申告を行なっていないことだ。これは脱税になるのだが、現実にはありうることと思われる（この点は、あとでもう一度述べる）。

しかし、実際には、つぎのケースのほうが多いと思われる。それは、彼らが消費税の納税義務を免除されていることだ。これは日本の消費税の基幹的な仕組みであり、これから述べるように、さまざまな問題を引き起こす原因となっている。これは、日本の消費税制度の最大の欠陥なのである。そこで、これについて以下に説明しよう。

多くの個人事業者は免税

消費税には免税点が設けられている。個人の場合はその年の前々年（法人の場合はその事業年度の前々事業年度）の課税売上高が3000万円以下である場合には、その年の納税義務が免除されることになっている。

実際のデータを見ると、2002年において、所得税の確定申告を行なった個人は約700万人いる（うち営業所得が約194万人）。しかし、消費税の納税をした個人は、約48万人しかいない。つまり個人所得者の大部分は、消費税の納税義務を免除されている。他方、全体の法人数は約273万社だが、消費税の納税をした法人は、約159万社である。

原稿執筆者のうち消費税の納税義務者が何人いるかはわからない。しかし、大部分の著者が納税義務者ではなく、したがって消費税に関心がなかったとしても不思議はない。こうした状況下では、新聞社の担当者が私の要求を聞いて「とんでもない要求だ」と思ったのも、無理がないことなのである。

「消費税の納税者が限定的」とは、原稿執筆者に限ったことではない。映画「男はつらいよ」の登場人物で考えてみると、〈朝日印刷〉は多分納税義務者であろう。しかし、〈とらや〉は納税義務を免除されている可能性が高い。前に示した数字が語るように、個人の確定申告者のうち消費税の納税者は7%にもならないのだ。法人でさえ、消費税納税者の比率は6割に届かない。日本の消費税制度は、個人事業者まで含めると大部分の業者の納税義務を免除するという「世にも不思議な」仕組みになっているのである。

負担した消費税はどこにいった?

このような数字を見れば、誰にもふつふつと疑問がわいてくるだろう。この節の最初に述べた説明では、消費者が負担した消費税を業者が預かり、それをさまざまな段階の業者が税務署に納めるのだと述べた。そこでの前提は、すべての業者が納税義務を負っていることだ。

しかし、現実には、大部分の業者が納税義務を負っていない。すると、消費者が負担した消費税の中には、税務署に納められていない部分があることになる。それはいったいどこに消えてしまったのか？

消費者の立場からすれば、これはまったく「大疑問」である。例えば、大決心をして3万円のバッグを買ったとしよう。消費税1500円を取られ、それは税務署に納められるとばかり思っていた。しかし、本当に納められたのだろうか？

この「大疑問」に対する答えは、誠に驚くべきものだ。少なくともその一部は、業者のポケットに入ってしまったのである。一部の業者にとって、消費税は「負担」ではなく「利益」なのである。

この事実が「驚くべきもの」であることを、いま一度確認しておこう。現実世界での徴税が完全ではなく、脱税や節税が横行していることは誰もが知っている。しかし、それは「払うべき税を不十分にしか払わない」ということだ。この世に完璧を求めるのは無理だから、ある程度の漏れなら「止むをえない」と誰もが思っている。

しかし、消費税における右の問題は、これとは性格が違う。一部の業者の手取りは、消費税がない場合に比べて増えてしまうのである。「負担でなく利益」だと述べたのは、こうした意味だ。

2002年に入って、消費税の税率引き上げ論議がにわかに高まった。その論議の背後にあるのは、高齢化社会における社会保障制度を支えるために安定した財源が必要であり、それは消費税しかないという認識だ。この点は、（少なくとも抽象レベルでは）賛成する人が多い。

（もっとも、社会保障施策の財源として消費税が本当に適切かどうかは、議論の余地がある。『「超」納税法』の第4章で述べたように、私は公的年金の財源は相続税であるべきだと考えている。ただし、相続税の増税が政治的に著しく困難であり、消費税が最も現実的な財源だという点は認めざるをえない）

しかし、消費税が適切な財源だと考える人も、消費者が負担した消費税はすべて国庫に収納されることを当然の前提としている。もしそれが業者のポケットに入ってしまうのであれば、税率引き上げなど論外ということになるだろう。

「消費税の一部が国庫に納入されずに業者のポケットに入る」というのは、あまりに奇妙なことなので、読者の中には、私が何か勘違いしていると思われる向きもあるかもしれない。それは無理もないことだ。しかし、この問題は、日本の消費税制度が抱える最大の問題なのである。それは、しばしば「益税」という奇妙な名で呼ばれている。

3 税率引き上げを望む〈とらや〉の主人

免税業者と益税

取引業者の中に免税業者がいる場合、消費者が負担した消費税がどのような運命をたどるかを、もう一度おさらいしておこう。

再び新聞を例にとれば、新聞社が消費税5円を購読者から預かり、その1％である0・05円を執筆者に対して原稿料に上乗せする形で払う。執筆者は、0・025円は原材料（パソコンや紙など）の仕入れ価格に上乗せして仕入先に払う。執筆者が納税義務者であれば残り0・025円は税務署に納税するわけだが、免税業者であれば納税する必要はない。つまり、0・025円は彼のポケットに入る。これが「益税」といわれるものだ。

消費税によって、彼の手取りは0・025円だけ増えるのである。この額は、執筆者段階での付加価値（原稿料収入から仕入れを控除した額）に消費税率を掛けたものに等しくなっている。これは所得税がかからない所得だ。消費税は、免税業者に対して負担をもたらすどころか、利益を与えるのである。

注意していただきたいのは、「益税」の発生は違法でもなく、予期せざる事態でもないことだ。

これは、「免税」という仕組みを導入すれば当然起こりうる事態なのである。つまり、制度創設の当初から予期されていたことだ。

ところで、以上で述べたことは、実はもう少し複雑である。話が込み入ってくるが、重要なことなので以下に説明しよう。

消費税を転嫁できるか

これまでは、新聞社が執筆者に対して消費税分0・05円を払ってくれることを前提にした。しかし、実際には払ってくれないかもしれない。実際、1で述べたように、私がコラムを寄稿していた新聞社は、最初は払ってくれなかったのである。

その場合においても、執筆者は仕入れ先に対して0・025円を支払わなければならない。なぜなら、パソコンや紙は消費税分だけ値上がりしているからだ。

すると、執筆者は、益税をうるどころか、持ち出しになってしまう。彼はパソコンや紙を消費しているのでなく、事業の原材料として仕入れただけである。だから、消費税を負担しなくてよいはずだ。それにもかかわらず、余計な負担を負うことになる。

「販売物やサービスに消費税分を上乗せする」ことを、「消費税を転嫁する」という。したがって、消費税によって業者がどのような影響を受けるかは、転嫁の可能性によって大きく変わることになる。

もっとも、私の場合は新聞社に対してかなり強い主張ができる。もし新聞社が0・05円を払ってくれないとしたら、つぎの2つのケースのいずれかだと私は想定する。

《1》第1は、新聞社の消費税納税の計算において、新聞1部当たり100円（消費税を含まない代金）から70円（仕入れ額）を控除した額30円に消費税率を掛けて計算している場合だ。これは、「仕入れに含まれている消費税分3・5円を控除している」といってもよい。控除できるのは、消費税相当分を仕入れ先に支払ってあるからだ。

ところで、3・5円の中には私宛ての0・05円も含まれている。したがって、もし0・05円を私に支払わないとすれば、新聞社は消費税計算においては支払ったとしているにもかかわらず、実際には支払っていないことになる。これは脱税である（多分、脱税の認識はないのだろうが）。

《2》第2は、新聞社が私に断りなしに原稿料を1円から0・952円に引下げてしまった場合だ。この場合には、私が得る消費税込みの原稿料は1円のままで変わらない。

しかし、この場合には、新聞社の消費税計算における仕入額は69・952円としなければならない。それだけでなく、私宛ての支払い調書においても、原稿料を0・952円としなければならない。もし支払い調書での原稿料が1円のままなら、実際には支払っていない原稿料0・048円を損金計上していることになるので、法人税の脱税になる。

私は新聞社の担当者に、「どういう経理をしているか知らないが、脱税になる可能性があるから注意したほうがいいですよ。私に消費税を払わないのはいいけれど、御社が脱税で検挙されては困るでしょう」と言った。担当者がこのメッセージを正しく理解したかどうかは分からないが、

1で述べたように、暫くして新聞社からは消費税分を上乗せした支払いがなされるようになった。

〈とらや〉の場合

私が強い主張をできたのは、私が「中間段階に位置する業者」だからである。私は後の段階にいる業者（この場合は新聞社）への転嫁を拒否されたとき、「御社は脱税している可能性がある」と注意できる。

しかし、最終段階の業者ではこうはいかない。例えば、「男はつらいよ」の〈とらや〉を考えてみよう。消費税がない場合に団子が1000円だとする。消費税率が5%であるとき、〈とらや〉はこれをいくらで売れるか？

まず、私が新聞社にしたような主張をできないことは明らかである。私が前記のように主張できたのは新聞社が消費税の納税義務者だからだが、〈とらや〉が相手にしているのは、消費者である。彼らは消費税の納税義務者ではない。だから、私のような主張は、原理的にできない。

そのうえ、〈とらや〉は競争圧力に直面している。参道の商店街には、〈とらや〉の他にも団子屋がある。消費税50円を上乗せして1050円にしたら、他の店に客を取られてしまうかもしれない。だから、やせ我慢で「当店では消費税をいただきません」としている可能性は大いにある。もしそうだとすると、原材料費に含まれている消費税は、〈とらや〉が負担することになる。

映画では、消費税が売値にどのような影響を与えたかは描かれていない。実は、現実世界においても、どうなっているかがよく分からないのである。

消費税の導入直後には「当店では消費税をいただきません」という表示を方々で見かけた。しかし、いまではあまり見ない。消費者の消費税アレルギーがなくなったから、転嫁も容易になってきたのだろう。そうだとすれば、〈とらや〉の団子も１０５０円になったと考えるべきだろう。もしそうなら、いまや〈とらや〉も益税の享受者である。

〈とらや〉の〈おいちゃん〉は、消費税導入が議論されていた１９８０年代の末には、「面倒なものができるもんだねえ。また税金かい」と嘆き、「消費税反対」の商店街運動に署名をしたことだろう。当時は土井委員長の社会党が消費税絶対反対だったので、選挙では社会党に入れたかもしれない。しかし、事態はまったく違うものだということが、いまや理解できたはずである。まず、免税業者である限り、消費税で税務署から呼び出されることはないとわかった。つまり、当初恐れていた「また税金か」は、杞憂《きゆう》であることがわかった。

しかし、暫くすると原材料の値段が上がってきた。消費税分だけ値上りしているのだという話だ。「税金というから税務署に払うもんだとばっかり思ってたら、仕入先に払うんだね」というのが、〈おいちゃん〉の感想であったに違いない。

そこで団子の値段を上げようとしたが、うまくいかない。他の店も値上げしないし、お客さんの中には「あなたのところは消費税を納めてないんでしょ。それで消費税を払えなんて変じゃない」という事情通もいる。「実は仕入れの値段が……」と言っても、理解してくれない。

そのうち、どの団子屋も消費税分を値上げするようになった。仕入れの値段が上がったのを取返せただけでなく、「余り」もあることがわかった。そして、「余り」は、消費税率が高いほど多くなることもわかった。最近の新聞には、「消費税率引き上げを検討」などと出ている。これを読んだ〈おいちゃん〉は、口にこそ出さないが、消費税率が引き上げられることを切に望んでいるに違いない。

4 サラリーマンでも益税を得られる

賃貸業で益税を得る

「免税業者が益税を得られる」という3の内容を読んで、「サラリーマンと自営業者はここでも差がある。不公平だ」と怒りに燃えた方がいるかもしれない。しかし、サラリーマンでも益税を得ることは可能である。

第1の方法は、サイドビジネスとしてオフィスの賃貸業を始めることだ。

まず、消費税導入（1989年）以前に建築されたマンションを購入する。このマンションに消費税はかかっていない。これをオフィスとして貸し出す。オフィスの賃貸料には消費税がかかるので、消費税込みの賃貸料が得られるわけだ。

ところが、年間の賃貸料収入総額が3000万円以下であり、他に業務収入がないとすれば、免税業者になる。したがって、消費税を納税する義務はない。つまり、家賃に含まれている消費税分は、まるまる益税となるわけだ。

3000万円の5％といえば、150万円である。この額までは、マンションを買って貸すだけで、通常の賃貸料収入の他に「余分の収入」が得られることになる。低金利時代には信じられないような収益が実現できることになる。

もっとも、私はこうしたことをお勧めするわけではない。古いマンションを賃貸しようとしても、賃貸料が下落している東京都心では、テナントが見つからない危険もある。また、小さなオフィスの場合には、「消費税分をまけてくれ」というテナントの要求もある。だから、もくろみどおりの利益が実現できるとは限らない。

さらに、マンションは建設当時には非課税であったとしても、その後消費税分だけ値上がりしている可能性もある。しかし、「原理的にはサラリーマンでも益税を得ることができる」という点は間違いない。

サラリーマン法人で益税を得る

第2の方法は、『「超」納税法』の第8章で述べた「サラリーマン法人」を設立することである。こうすれば、もっと大々的に益税を得られる。これは、賃貸業よりはるかに実質的な意味をもつ方法だ。この点は、『「超」納税法』では言及しなかった。しかし、サラリーマン法人がもたらすかなり重要なポイントである。

例えば、新聞記事の作成を考えてみよう。新聞社の社員である記者が記事を書く場合には、原稿料の支払いという事態は発生しないので、新聞社が記者に消費税を支払うという事態も生じない。この記事の価値は、消費税に関しては新聞社の付加価値の一部と見なされることになり、その5%を新聞社が税務署に納税するわけだ（所得税では、付加価値は記者の所得とみなされ、記者に対して所得税が課される）。

ところで、この記者が独立して「ライター」となり、新聞社に原稿を売る業務委託契約を結んだとしよう（必ずしも法人を設立する必要はない。以下のことは、個人業であっても同じである）。すると、記事は新聞社がライターから「仕入れる」ことになる。したがって、この記事の価値に対する消費税は、原稿料に上乗せして新聞社からライターに支払われる。

これは、私と新聞社の間の関係として、すでに述べたことだ。新聞社から見れば、税務署に支払うかライターに支払うかの違いしかなく、消費税の支払い総額に差は生じない。

しかし、ライターから見れば、かなりの差が発生する。仮にこの人の年間原稿料等の総額が3000万円以下であるとしよう。すると、彼は免税業者になる。したがって、消費税の納税義務はない。だから、新聞社からもらった消費税分は、「益税」として、彼の収入になるのである。

これは、3で述べた〈とらや〉の場合と似た状況だ。しかし、つぎの2点で、ライターは〈とらや〉より有利な立場にある。

第1は、彼が取引の中間に位置する業者であることだ。つまり、彼が原稿を売る相手は、消費者ではなく、消費税の納税義務者たる新聞社である。したがって、私が新聞社に対してしたのと同じ主張をできる。つまり、「もし消費税分を上乗せしてくれなければ、消費税の脱税になるのではないか？」と新聞社に指摘できるのである。

第2は、彼の仕入れ額は原稿料収入に比べて少ないことだ。〈とらや〉の場合には、売り上げに占める仕入れ額の比率は高い。しかし、原稿料のかなりの部分は、執筆者の付加価値だろう。したがって、場合によっては、原稿料の5％の大部分が益税になるわけである。もし、彼の年間原稿料が1000万円であるとすれば、新聞社から独立するだけで、50万円だけ収入が増加することになる。

このことは、新聞社の記者だけでなく、大部分のサラリーマンについていえることだ。サラリーマンの必要経費に関連して『「超」納税法』で述べたように、サラリーマンの「経費」はあまり大きなものではない。つまり、業務委託契約で得られる報酬の殆どは付加価値である。だから、益税の額はかなり大きなものとなる。

導入を急いだツケ

2002年暮の税制改正で、免税点についての見直しが行なわれることとなり、現在個人、法人ともに3000万円以下とされている免税業者の範囲を、2004年度から1000万円以下に引き下げることが決まった。財務省によると、免税点が1000万円に引き下げられると、現在368万である免税業者数が231万に減り、これによって約4000億円の増収が見込めるという。

現在多くの免税業者が益税を享受しているとすれば、税率の引き上げはそれほど難しいことではない。3で述べた〈とらや〉の主人のように、むしろ引き上げを望んでいる業者も少なくあるまい。しかし、免税点の引き下げは、税率引き上げとは違って、非常に強い政治的抵抗に遭遇するはずである。

免税制度が設けられている理由は、「零細事業者は消費税納税の事務負担に耐えられない」ことだとされた。しかし、青色申告業者であるかぎり、所得税や法人税に関する記帳の義務は負っているのだから、これは奇妙な論理である。

免税が広く認められている最大の理由は、いうまでもなく政治的なものである。実際、ヨーロッパ諸国の付加価値税における免税点は、日本のそれよりはるかに低い。

したがって、免税点を引き下げようとすれば、政治的抵抗に正面からぶつかることになる。この階層は政治的には非常に強力である。はたして予定通りに1000万円までの引き下げが実現できるだろうか？　簡単でないことは間違いない。

もっと根本的な問題もある。この改革は中途半端なものなのだ。本来必要なのは、インボイス制度の導入である。

「インボイス」とは、仕入れに含まれる消費税額を示す書類である。ヨーロッパの付加価値税では、業者は、仕入先から回ってくるインボイスに記載された税額だけを控除することができる。そして、免税業者はインボイスを発行することができない。つまり、免税業者からの仕入れに含まれている付加価値税は控除することができない。

したがって、少なくとも中間の取引に関する限り、免税業者は取引から排除される可能性がある。そこで、業者は、進んで課税業者となることを選択するだろう。

実はこの点こそが、付加価値税の最も巧妙な点なのである。もしインボイス制度を導入すれば、「免税点を引き下げる」という議論すら必要なくなるのだ。

日本の消費税は、ヨーロッパの付加価値税をモデルとしながら、最も重要な点を取り入れなかった。それは、「何が何でもとにかく導入」という方針がとられたからだろう。制度的欠陥があることは百も承知の上で、それには目をつむって導入を急いだのだ。現在直面している問題は、そのときのツケである。

5 簡易課税で発生する益税

簡易課税とは

免税業者が存在すると消費税に「益税」が発生する可能性があると述べた。実は、益税が発生する原因は、もう1つある。それは、「簡易課税」という仕組みである。

税務署に納める消費税の額を計算する場合に、仕入れに含まれている消費税額を控除する。これは、購入者から預かった消費税を、税務署と仕入れ先とにわけて納めるのだと考えれば、分かりやすい。

問題は、「仕入れに含まれている消費税額」をどのように把握するかである。4で述べたように、ヨーロッパの付加価値税においては、この目的のために「インボイス」という書類を用いている。これは、仕入れ先から回ってくる書類であり、そこに消費税額が記載されている。消費税の納税者は、ここに記載されている額だけを控除できるのである。

ところが、日本の消費税制度は、インボイス制度を導入しなかった。そのかわりに、「仕入れ税額控除」という仕組みを導入した。消費税導入時から暫くは、「帳簿方式」が採用されていた。これは、仕入れの事実を記載した帳簿、または仕入れ先から交付を受けた請求書等の保存を税額控除の要件とする方式である。しかし、自己記帳に基づく帳簿では、信頼性に問題があるのではないかという批判が強かった。

そこで、1997年4月からは、「請求書等保存方式」が採用されることとなった。これは、仕入れの事実を記載した帳簿の保存に加え、請求書、領収書、納品書その他取引の事実を証する書類のいずれかの保存を税額控除の要件とするものである。

いずれにしても、仕入れ額が正しければ、その5%が控除されることになるから、原理的にはインボイスを採用する場合と同じ結果がえられるはずである（ただし、免税業者からの仕入れと課税業者からの仕入れが区別できないという問題は残る）。

ところが、日本の消費税制度は、これに加えて「簡易課税」という制度を導入した（これに対して、以上で述べた方式を「本則課税」とか「原則課税」という）。これは、「前々年度の売り上げが一定額以下の業者は、実際の仕入れ額の代わりに、売上高に一定の率を掛けた額を仕入れ額とみなしてよい」というものだ。消費税の導入当時は、簡易課税の適用上限は5億円であった。1997年からは、2億円とされている。

高めに設定されている仕入れ率

「一定の率」は、業種によって異なっており、現在ではつぎのように設定されている。

卸売業90％

小売業80％
建設業、製造業等70％
飲食店、保険業等60％
不動産業、サービス業等50％

例えば、〈とらや〉のような小売業だと、2000万円の売り上げがあれば、仕入れは、その80％である1600万円とみなされるわけだ。したがって、客から預かった消費税100万円のうち、80万円は仕入れに含まれて業者に支払われたものとみなされる。そこで、〈とらや〉が税務署に納める消費税は、400万円の5％である20万円ということになる。

問題は、ここで設定されている率が適切なものかどうかである。もし、実際の率と近いのなら問題ない。しかし、簡易課税を選択している業者が多数存在するという事実は、「みなし仕入れ率」が現実の値よりかなり高いことを示唆している。

〈とらや〉の場合、実際の仕入れが1000万円（仕入れ率50％）だとすれば、仕入れ税額控除できる額は、本来は50万円だ。それにもかかわらず80万円を控除しているわけだから、差額の30万円は益税ということになる。

4で述べたように、原稿執筆などのサービス業における仕

売上階級別事業者数　1998年度

		事業者数	構成比	課税売上高の構成比
免税事業者		375万	61.6%	2.3%
課税事業者	～3,000万円	34	5.6	0.5
	3,000万～1億円	104	17.1	4.4
	1億～2億円	40	6.5	4.1
	2億円～	56	9.2	88.6
	小　計	234	38.4	97.7
合　計		609	100.0	100.0

資料：財務省　注：免税事業者には、個人農業は含まれていない

入れ率は、普通は50%よりかなり低いだろう。消費税における「仕入れ」と所得税における「必要経費」は必ずしも同じものではないが、給与の比率が高いか、多額の投資支出がある場合を除けば、同じようなものである。原稿料などにおける経費率は平均して30%程度といわれていることと比較すると、消費税におけるみなし仕入れ率はだいぶ高い。

なお、売り上げ2億円以下の事業者に自動的に簡易課税が適用されるわけではないことに注意が必要である。簡易課税制度の適用を受けるには、簡易課税制度選択届出書を事前に税務署に提出することが必要である。それがないと、本則課税がなされる。ただし、いったん簡易課税を選択したら、最低2年間は強制適用になる。これにも注意する必要がある。なぜなら、本則課税が有利になる場合もあるからだ。実際、売り上げ2億円以下の事業者であっても、積極的に本則課税を望む場合もある。

とくに重要なのは、設備投資を行なった場合などだ。工場設備や機械にはかなりの消費税が含まれているので、その額が売り上げに含まれている消費税を上回ることもある。この場合には、本則課税業者であれば、払いすぎの消費税が還付になる。免税業者であっても、本則課税の適用を受けて還付を求めることが可能である。

簡易課税の利用者はかなり多い

簡易課税制度が設けられている理由は、免税制度の場合と同じく、税額計算の事務負担を軽減するためだと説明されている。免税については、この理由が当てはまる場合もある。とくに、非常に零細な事業や農業所得者の場合には、事務負担という問題は無視できないかもしれない。

しかし、簡易課税が問題になるのは課税業者だ。つまり、前々年の売り上げは３０００万円を超えているわけだ。そして、青色申告者であれば、所得税や法人税に関しては帳簿を作成しており、仕入れを証明する書類は保存しているはずである。だから、「事務負担の軽減」という理由付けは、いかにもそらぞらしい。これは、消費税に対する抵抗を弱めようとする政治的配慮以外の何物でもない。

ドイツには、日本の簡易課税制度と似た制度がある。しかし、適用上限は年間売上高６００万円程度と低いうえ、本来の方式より不利になりやすいため、利用する事業者は少ないといわれる。日本では、簡易課税の利用者は非常に多い。２０００年度においては、個人と法人合わせて簡易課税を選択した事業者数は約１０６万社（人）である。これに対して、本則課税を選択している事業者は約１１０万となっている。したがって、課税事業者の49・1％が簡易課税制度を利用したことになる。

なお、簡易課税制度は、見直しがなされることになっている。２００４年度からは、現在の適用上限2億円は、５０００万円になる。実は、私自身も、現在の制度では簡易課税による益税の享受者である。しかし、消費税制度を合理化するために、改革は不可欠だと考えている。

ただし、これに対する政治的抵抗は、非常に強いだろう。免税点引下げに対するものより強い可能性もある。

まとめ

1. 消費者は、店で支払う額が高くなることによって消費税を負担する。これを事業者（販売者）が預かる。事業者はそのうち一部を税務署に支払い、残りは仕入額に含めることによって仕入先に支払う。消費税は、このように取引の各段階で課税される「多段階間接税」だ。

2. 売上額が一定限度以下の事業者は消費税の納税義務を免除されている。この場合、消費者から預かった消費税の一部が税務署に納税されず業者のポケットに入ってしまうことがある。これが「益税」といわれるものだ。サラリーマンでも益税をうることはできる。ただし、転嫁できない事業者が消費税を負担してしまうこともある。

3. 売上高が一定限度以下の事業者には、簡易課税が認められている。このために益税が発生することもある。

4. 益税があるため、事業者は内心では消費税率の引き上げを望んでいるかもしれない。

Chapter 2

第2章 消費税における非課税と複数税率

消費税は基本的には単一の税率で課税するものだが、社会政策的な観点から複数税率や非課税が要求されることがありうる。しかし、この実現は容易なことではない。とりわけ、インボイスがない場合には、完全な非課税を実施することはできない。

本章ではこれに関連して、景気調整のための税率変更の可能性や輸出に対する扱いなどについても述べる。

1 非課税制度は「ニセ非課税」？

非課税取引とは

消費税には、「非課税取引」という制度がある。これは、これまで述べてきた「免税」とは別のものだ。免税業者とは、消費税の納税義務を免除される事業者のことである。これに対して非課税取引とは、消費税の課税対象としない取引のことだ。

例えば、事業用オフィスの賃貸には消費税がかかるが、居住用建物の賃貸は非課税とされている。消費税において課税の対象とされない取引としては、これ以外にもつぎのようなものがある。

・土地の譲渡や貸付け、預貯金や貸付金の利子、国債や株券などの譲渡

・社会保険医療の対価、お産費用、介護保険サービスの対価、社会福祉事業のサービスの対価、一定の身体障害者用物品の譲渡や貸付け、埋葬料や火葬料

・学校等の授業料、入学検定料、入学金、教科用図書

住宅関連の取引は、額も大きいし課税関係が若干複雑なので、少し補足しておこう。例えば、新築マンションの消費税課税前の販売価格が４５００万円であるとし、その内訳は、土地２５００万円、建物２０００万円だとしよう。土地の譲渡は非課税取引であるが、建物の譲渡は課税取

引である。したがって、この場合は2000万円×5％＝100万円の消費税がかかることとなり、マンションの税込み販売価格は4600万円となる。

このマンションを月20万円の家賃で貸したとする。居住用の場合には消費税はかからない（ただし、仲介手数料には消費税がかかる）。オフィスとして貸した場合には、消費税がかかり（ただし、土地分、建物分というような区別はなされない）、賃貸料は21万円となる。

では、このマンションを中古住宅として売った場合にはどうなるか？　通常の中古住宅は個人が売るものであるため、消費税はかからない（消費税の納税義務者は事業者であるため。なお、業者が売る場合にも、前々事業年度の課税売上高が3000万円以下であれば免税業者となるから、同じことになる）。

不完全な日本の「非課税」制度

さて、「非課税取引」は、いかなる基準で決められたのだろうか？　土地や利子などにかかわるものは、土地の利用などが「消費」ではないという認識に基づいている。それ以外のものは、政策的配慮に基づく措置である。

ここで注意すべきことは、非課税取引とされていても、消費税の負担がまったくゼロになるわけではないことだ。例えば、医療は非課税とされているが、薬剤や医療機器は課税される。したがって、それらが消費税分だけ高くなるために、医療費も高くならざるをえない。仮に医療費を消費税導入前の水準にとどめようとすれば、医療機関が薬や機械にかかる消費税を負担しなければならなくなる。

今後消費税率が引上げられれば、その負担はさらに重くなる。「医療が非課税」というのは、単に医療にかかわる付加価値に消費税がかからないというだけのことであり、医療費が消費税の影響を受けないということではない。したがって、「医療に消費税の負担を求めるべきでない」という政策判断があるとすれば、現在の仕組みは不完全なものだ。

そうした要請は正当なものだろうが、日本の消費税の仕組みだと、医療に対する消費税負担を完全にゼロにするのは困難である。なぜなら、薬や機械に対する消費税を、医療に使用する場合に限って非課税にするのは難しいからである。

その理由は、消費税の納税手続きを考えるとわかる。医療は非課税なので、医療機関は消費税納税のための事務手続きを行なわない。したがって、前段階の税額控除も受けられないのである。消費税はある段階だけに課税する単段階間接税とは違い、取引のあらゆる段階で課税する多段階間接税であるため、「医療」というような特定の段階だけを取り出して「非課税」と指定しても、所期の効果をあげられないのだ。

ただし、以上で述べたことは、多段階間接税において生活必需物資の消費税負担を取り除けないことを意味するものではない。実際、イギリスなどのヨーロッパ諸国においては、「ゼロ税率」という仕組みでこれを実現している。医療の場合を例にとっていえば、つぎのとおりだ。

まず、医療を課税取引とする。したがって、医療機関は消費税の納税手続きをする。そこで、仕入れ税額控除を受けることができる。つまり、薬や機械の仕入れ価格に入っている消費税は控除されるわけだ。他方で、医療の税率はゼロとする。すると、仮に社会保険医療以外の売上げがないとすれば、医療機関は消費税の還付を受ける。ゼロ税率の下では、薬代や機械購入費だけでなく、医療に必要なすべての仕入れが税額控除される。このため、医療費は付加価値税導入以前の水準にとどめられる。また、医療機関が税を負担することもない。

これに対して、現在の日本の制度では、医療は消費税の枠外にあるとされる。それにもかかわらず、実質的には消費税の影響を受ける。つまり、形式だけで実質を伴わない「ニセ非課税」といえるだろう。

これは、医療だけのことではない。住宅貸付けもそうである。「居住用なら非課税」とはいうが、建物の購入価格は消費税の影響で値上がりしているのだから、それに見合って賃貸料を引上げなければ、賃貸者が消費税を負担することとなり、収益率が圧迫されてしまう。他方、居住者の立場からいっても、持家と借家の比較から家賃の引上げを受入れるだろう。したがって、「居住用なら非課税」というのは、かなりの程度で「ニセ非課税」といえる。

ゼロ税率にはインボイスが必要

「では、日本の消費税でもゼロ税率制度を取入れればよいではないか」と考える人がいるかもしれない。しかし、ここでインボイスの問題がたちはだかる。インボイスなしでゼロ税率制度を導入するのは、不可能ではないにしても、相当困難である。

その理由は、「還付」にある。売上げの大部分がゼロ税率である事業者は、単に消費税の納税額を減らされるだけでなく、還付を受ける。このためには、仕入れに含まれている税額が正確なものであることが必要だ。現在の消費税制度で要求している「帳簿記入と請求書等の保存」という程度の縛りでは、不十分といわざるをえない。データ操作が可能なので、不正な還付を受ける業者が現われかねないからである。これに対して、インボイスでは、すでに述べたように、業者間の相互チェックが働く。だから、そこに記載されている仕入れ税額は、すでに納税されていることが確実なものだ。

一般に還付とは、すでに納税されたことが証明されている額の一部を返却することである。例えば、サラリーマンが所得税の確定申告で医療費控除を申告すれば、所得税が還付になる。しかし、それはすでに源泉徴収で納税されている所得税の一部である。税額を軽減するだけのためにもさまざまの縛りをかけ、証拠書類を要求するのだから、還付に対して強い制約がかかるのは当然だ。多段階間接税における還付のためには、インボイスのような確実な仕組みが不可欠である。

「消費税は低所得者にも負担を求める税だから、生活必需物資に対する配慮が必要だ」といわれる。その意見は正しいと思う。実際、付加価値税の税率が15%を超えながらヨーロッパで消費者がさほど強い反発を示さないのは、生活必需物資の税負担が低いことにある。

しかし、「それを実現するにはインボイスが不可欠」という点は、殆ど意識されていない。インボイスをもたない日本の消費税制度では、生活必需物資に対する消費税負担をゼロにすることはできない。これまでの消費税率はさほど高くなかったので、これがあまり重大な問題とは意識されなかった。しかし、今後ヨーロッパ並みの税率になると、この問題は重要になる。インボイスの導入は、こうした面からも重要だ。

2 複数税率や景気調整は可能か？

それほど簡単でない生活必需物資の税負担軽減措置

今後の消費税率引上げに関する論議の中で、「複数税率が必要」という議論が必ず生じると思われる。生活必需物資に対する税率は軽減税率とし、奢侈《しゃし》品に対する税率を高く設定すべしというものだ。

すでに見たように、イギリスなどがゼロ税率制度をもっている。フランスでは、税率がかなり細かく区分されている。ヨーロッパにおける付加価値税の税率は全体としては高いにもかかわらず大きな不満が生じないのは、こうした措置がなされているからだといわれる。

そうした面があるのは事実だ。日本でも、消費税率が10%を超えるようになれば、生活必需物資に対するなんらかの軽減措置をとることは不可避になるだろう。ところが、これは簡単に実行できることではないのである。

最終小売段階だけで課税する簡単な構造の間接税（「単段階間接税」という）の場合には、複数税率制をとるのは簡単だ。しかし、消費税や付加価値税のように取引のあらゆる段階で課税する多段階間接税の場合には、複数税率の実行はかなり厄介で複雑な問題となる。やや煩雑な問題ではあるが、現実には重要なことなので、これを以下に説明しよう。

多段階間接税における諸問題

簡単化のため、生産は原材料である化学物質を生産する「第1段階」と、最終生産物である薬を生産する「第2段階」にわたって行なわれ、第1段階では仕入れなしに生産が行なわれ、第2段階の生産者は直接に消費者に販売するものとしよう。消費税がない場合の各段階の仕入れと売上げが、つぎのようであったとする。

・第1段階（化学物質の生産）
　仕入れ＝0
　売上げ＝200
・第2段階（薬の生産と販売）
　仕入れ＝200
　売上げ＝300

税率5％の消費税が課されると、これらはつぎのようになる。

・第1段階
　仕入れ＝0
　売上げ＝210

納税＝10

・第2段階

仕入れ＝２１０

売上げ＝３１５

仕入れ税額控除＝10

納税＝5

ところで、薬に対する消費税率を政策的配慮から1％にする必要があるとしよう。しかし、第1段階で作られる化学物質は、薬以外にも使われ、したがって薬に使われる分だけに1％課税をすることは困難だとしよう。すると、薬生産段階の仕入れは２１０にならざるをえない（ここで仮定したような簡単な生産過程であれば、分別は不可能ではない。しかし、実際には生産は多数の段階にわたって行なわれる。その場合に、最終的に薬の生産に使われることとなる生産物を分別するのは不可能だ）。

消費税込みの薬の価格を３０３としたいのであれば、つぎのように薬生産段階で還付を行なう必要がある。

仕入れ＝２１０

売上げ＝３０３

仕入れ税額控除＝10

還付＝7

（この数値例では還付が生じるが、仮に第2段階での付加価値が大きければ、還付が生じない場合もありうる）

ところが、ゼロ税率の説明で述べたように、還付を行なうにはインボイスが不可欠である。仮に還付が生じるような控除は認めないこととすれば、薬の価格は310になる必要がある。つまり、薬の消費者は約3・3％の消費税を負担するわけであり、目的とされた1％税率は実現できないことになる。なお、この場合には、薬製造段階の数値は、つぎのようになる。

仕入れ＝210
売上げ＝310
仕入れ税額控除＝10
納税＝0

薬の価格を303に抑えるためには、薬製造業者は7だけの消費税を自分で負担せざるをえなくなる。以上で述べたことは、ゼロ税率の際に生じた問題と同じものである。

このように、複数税率を実行するにはインボイスが不可欠なのである。形式的に複数税率を導入しても、最終消費者はその恩恵を受けることができないか、あるいは業者が消費税を負担せざるをえなくなる。

もともと複数税率は制度を複雑にするので望ましくないといわれているが、現在の日本の消費税では、複数税率制を導入しても、いたずらに実務が混乱するだけで、実質的な効果を期待することはできないのだ。

これまでの消費税率は低かったから、ゼロ税率や複数税率の必要性はさほど強くは感じられていなかった。しかし、消費税を高齢化社会における本格的な財源と考えてヨーロッパ並みの高税率を目論《もくろ》むのであれば、生活必需物資への軽減措置は避けて通れない課題だ。そして、それを実現するための基本的な手段はインボイスであることを認識する必要がある。

景気調整のための消費税減税は困難

以上で述べたことと関連して、「消費税を景気調整の手段に用いうるか?」という問題がある。景気対策の道具として消費税の税率を用いようとする提案がしばしば見られる。一時的な措置として消費税の税率をゼロにする、あるいは軽減する。そして、将来において税率を元に戻す、あるいは徐々に引き上げる、という考えだ。しかし、こうした提案は、消費税の仕組みを無視した乱暴な議論といわざるをえない。

例えば、消費税率を2005年に0%に引き下げ、06年に10%に引き上げるものとしよう。前の薬生産の数値例で、仕入れ・生産・販売活動は毎年同じ規模で連続して行なわれていると仮定しよう。

2005年の薬生産において、04年に仕入れて原料在庫となっていた化学製品も使われる。これには消費税が含まれている。しかし、05年の税率はゼロなので、05年の仕入れ額200に税率ゼロを掛けて算出した仕入れ税額控除はゼロとなり、仕入れに含まれていた消費税を控除できない。したがって、（薬生産者が消費税を負担するのでなければ）薬の価格は３００よりは高くなる。

06年の薬生産においては、05年に仕入れて原料在庫となっていた化学製品も使われる。これには消費税が含まれていない。ところが、06年の仕入額２００に税率10％を掛けて計算すると、税額控除は20となり、過大控除となってしまう。

このように、税率が短期的に変動すると、不都合な事態が発生する。税率引下げ年に最終製品価格がそれに相応して下がらなかったり、業者が消費税を負担したりする。逆に税率引上げ年には、過大控除が発生して業者が益税をうる。

ここで述べた数値例では毎年同じ規模の生産活動が行なわれるとしたから、長期的に見れば損益は通算されるともいえる。しかし、実際の活動規模は年によって変動するから、必ずしもそうはならない。そして少なくとも、税率引下げ時に消費者の負担が低下することにはならないことに注意が必要だ。これは、仮にインボイスが導入されて仕入れに含まれる税額が明示されていたとしても、生じる問題だ。

以上に加えて、これから3で述べる不都合が生じる。住宅のような耐久消費財の場合、たまたま税率が低い時期に住宅を購入した人は、将来税率が高くなった時点においても、消費税の負担を免れることになる。その半面で、いま税率をゼロにしたところで、すでに住宅を購入してしまった人は、消費税の負担を負い続けるわけだ。

最後に述べた点を除けば、以上の問題は、単段階課税の間接税では生じない。アメリカの間接税は、最終小売段階だけで課される税であるため、税率の上げ下げは比較的簡単だ。そして、税率がゼロの年には消費者は間接税を負担しない。だから、アメリカの経済学者が間接税による景気政策を提案するのは分からなくもない。しかし、それをそのまま日本で実行することはできないのである。

3 輸出入や中古品の問題

輸出免税制度

消費税は、国内における消費を対象とする税である。したがって、外国で消費されるものには課税しない。つまり、輸出取引に対しては消費税が免除される。この制度を「輸出免税」という。仕入れに含まれる消費税は、税務申告の際に税額控除され、還付される（ゼロ税率と同じことになるわけだ）。したがって、輸出品は消費税なしの価格で販売されることになる。また、仕入れに含まれている消費税を輸出業者が負担することもない。

この制度は、ヨーロッパの付加価値税と同じものだ（というよりは、ヨーロッパにおいて、「国境税調整」として導入された措置にならったものだ）。ヨーロッパに旅行して街で買い物をすると、店では付加価値税込みの価格を支払うが、その際に還付申請書を貰う。EU（欧州連合）から出国する際の空港にある税関（普通、待合ラウンジの一角にある）で商品と還付申請書を見せて申告すると、付加価値税を還付してもらえる（なお、空港内の免税店で購入すれば、付加価値税抜きの価格で買える）。ヨーロッパ旅行をした人は、よく知っている制度だ。ただし、付加価値税還付手続きについては、いくつかの注意が必要だ。

第1に、税関で商品を提示する必要がある。スーツケースに入れてチェックインしてしまうと還付を受けられない。

第2に、買ったままの状態で出国する必要がある。例えば衣料品であれば、出国前に着てしまってはいけない（空港内の免税店で購入した場合に、飛行機に乗り込むまで買物包みを開けられないのは、このためである）。

第3に、食事やその他のサービスについては、還付が受けられない。

第4に、一定期日内（イギリスでは、買った月の翌月から起算して3カ月目の月末まで）にEUから離れる必要がある。

第5に、街のすべての商店がこの手続きをしてくれるわけではないから、購入前に確認する必要がある。

第6に、税関で還付許可の証明スタンプを押してくれた証明済申請書は、販売店に郵送する必要がある（ポストがどこにあるのか分かりにくい場合もある）。還付自体は、販売店または還付代理店が行なう。

これに対して、輸入品に対しては、通関時に消費税が課される。したがって、税抜き価格が同一のものなら、国内製品を買っても輸入品を買っても、消費税に関しては同じことになる（ただし、自動車など関税がかかる製品の場合は、関税分だけ輸入品のほうが高くなる）。

以上で述べたような国境税調整措置が取られる結果、消費税や付加価値税は、貿易には影響を与えないことになる（経済学では、「中立的になる」という）。「消費税率を高くすると国際競争力に悪影響がある」といわれることがあるが、それは間違いだ。

耐久消費財で生じる問題

消費税法は、「国内において事業者が行った資産の譲渡等には、この法律により、消費税を課する」としている（第四条）。つまり、課税の対象は、「資産の譲渡等」である。理髪店の散髪などの「サービス」も消費税の課税対象であるから、「資産の譲渡等」というのは奇妙な表現だ。こうした規定となっているのは、つぎのような事情による。

消費税や付加価値税の本来の課税対象は、「消費」である。しかし、どれだけの消費が行なわれたかを各消費者について調べるのは困難なので、販売時における販売額を消費の代理指標とし、これを課税の対象とする（理髪店のサービスなども、「資産の譲渡等」の「等」に含めようというわけだ）。「消費」でなく「資産の譲渡」と規定するのは、課税の実務からみた便宜的なものに過ぎないのである。

食品やサービスなど一回の消費で消えてしまうものについては、消費額と販売額は一致する（1年間に1万円のリンゴを購入した人は、1万円のリンゴを消費したことになる）。だから、この規定でも問題はない。

しかし、住宅、自動車、家具などの耐久消費財については、そうではない。なぜなら、消費は長期間にわたって行なわれるからだ。例えば、土地価格を除いて2000万円の住宅が20年間もつなら、平均して1年間に100万円だけの住宅サービスの消費が行なわれることになる。したがって、本来は、毎年100万円ずつの消費に対して課税を行なうべきだろう。税率が5%なら、毎年5万円の消費税を課すことになる。こうした課税は、決して不可能ではない。

ただし、現実には非常に煩瑣《はんさ》な手続きが必要になる。そこで、便宜的に販売価格に上乗せし、「資産の譲渡等に課税する」ということにしてある。この場合には、住宅購入時に100万円の消費税を支払う。これは、5万円の20年間分である。つまり、耐久消費財については、実際の消費に比べて「前倒し」の課税が行なわれるわけだ。消費者の立場からすれば、将来の消費に対する税を一括前払いすることになる。

では、耐久消費財が耐久年限以前に売却されると、どうなるだろうか。例えば、前述の住宅が5年目に1500万円で売却されたものとしよう。消費税は中古品にも課税される。ただし、個人は課税業者でない場合が多いので、個人から個人に売却される場合には、普通は消費税はかからない。

不都合が生じるのは、最初の購入者である。5年間で総額500万円分の消費しかしていないにもかかわらず、2000万円に対する消費税を支払ったからだ。本来であれば、残り15年間の消費にかかわる消費税75万円は還付されてしかるべきだろう。しかし、実際にはそうした還付はなされない。つまり、最初の購入者は、75万円も消費税を払いすぎたわけだ。

これに対して、中古住宅の購入者は、消費税を負担していない。本来であれば、最初の購入者が払いすぎた75万円分は国から還付し、この分を中古住宅購入者から徴収すべきだろう。しかし、実際にはそうした処置はなされない。もし中古住宅の価格が75万円だけ高くなれば、このような還付・徴収がなされたのと同じことになる。しかし、市場価格がそのように調整するかどうかは不確実である。

以上をまとめれば、つぎのようになる。消費税は、本来は「毎年の消費」に対して課税すべきものである。しかし、耐久消費財についてこうした課税を行なうのは手続き的に煩瑣なので、便宜的に「資産の譲渡」が課税対象になる。この結果、耐久年限前に中古品として販売される場合には、最初の購入者は消費税を払いすぎることになる。住宅以外に、自動車、家具などについても、同様の問題が発生する。

これは、かなり厄介な問題である。日本の消費税に特有の問題ではなく、ヨーロッパの付加価値税においても存在する問題だ。また、制度に対して中古品価格がどのように反応するかという問題もあり、非常に複雑である。

税率引上げに伴う不都合

しかも、問題は、以上で述べたことにとどまらない。まず、消費税導入以前に住宅を購入した人は、住宅サービスに対する消費税を一切負担していないという問題がある。古くから同一の住宅に住み続ける人が消費税を負担しておらず、新築住宅を購入した人、あるいは中古住宅を購入した人は、購入時に数百万円単位の消費税を負担している。消費する住宅サービスが同額であるにもかかわらず、負担する消費税額がこれほどのオーダーで違うというのは、明らかな不公平だ。

将来消費税率が引上げられてゆくと、同様の問題が繰り返されることになる。例えば、今後ある時点で消費税率が10％に引上げられたとすれば、それ以降に住宅を購入した人は、同じ住宅サービスに対して現在の倍の負担を負うことになる。同様の問題が、自動車や家具についても発生する。

まとめ

1. 医療や教育など特定の取引は、「非課税」とされている。しかし、仕入額に含まれている消費税は転嫁されることになる。インボイスがない日本の消費税では、こうした取引について消費税の負担を完全にゼロにすることは難しい。
2. 消費税のような多段階間接税では、軽減税率や景気調整のための税率変更も難しい。
3. 輸出取引には消費税が免税になる。
4. 耐久消費財の場合、販売時にまとめて消費税が課されるので、不都合が生じる場合がある。

Chapter 3

第3章 消費税をどのように改革すべきか

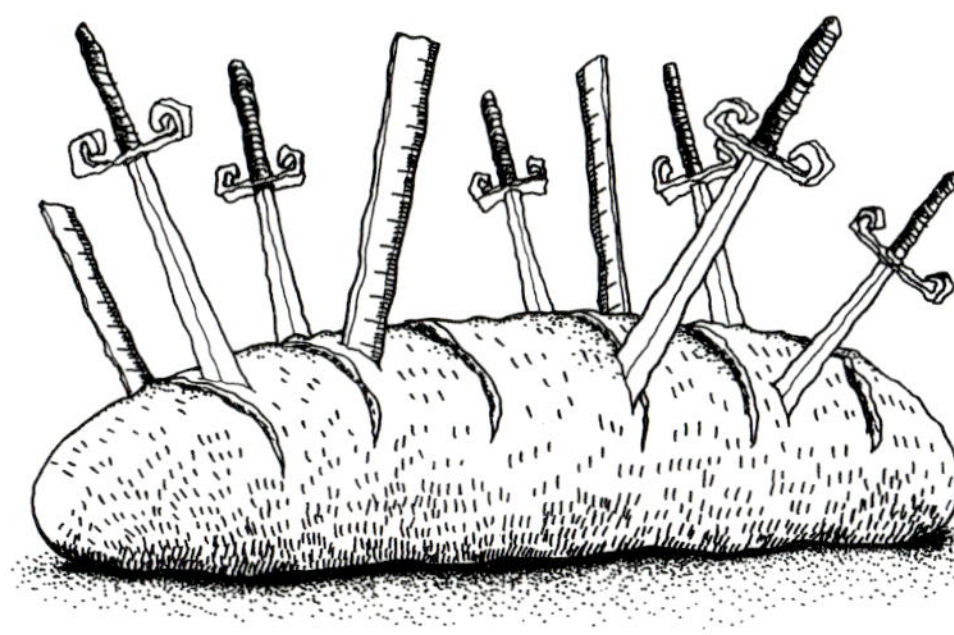

消費税の改革は近い将来に迫った重要な政策課題である。一般には税率の引上げに関心が集まっているが、真に重要な課題はインボイスの導入だ。これを欠いたままで税率を引上げることには、きわめて問題が多い。

1 付加価値税はフランス3大発明の1つ

従来の間接税はどこが問題だったか

日本の消費税がモデルとしたのは、ヨーロッパの付加価値税（VAT）である。これは、戦後のフランスで導入された比較的新しい税だ。1967年にEC共通税として認められ、当時の加盟国6国に導入された。現在では、ヨーロッパの多くの国で採用されている。欧州理事会指令では、加盟国の付加価値税の標準税率を15％以上とするよう定めている。フランスの付加価値税は、標準税率が19・6％（2000年まで20・6％）で、税収の半分近くを占めている。

すでに述べたように、日本の消費税もヨーロッパの付加価値税も、「間接税」の一種である。「間接税」とは、物やサービスの価格に上乗せされることによって消費者が負担する税だ。

間接税は所得税や法人税などの「直接税」より古くからあった。酒税はその典型である。直接税を課税するには、原則としてすべての所得者に帳簿記帳などの取引記録作成を義務付ける必要があるが、間接税は課税対象業者のみを捕捉していれば課税できるからだ。

すでに述べたように、間接税には、1つの商品やサービスの取引過程のどこか1つの段階で課税する「単段階課税」と、さまざまな段階で課税する「多段階課税」がある。アメリカやカナダで現在も行なわれている売上税は、小売段階のみで課税する単段階課税だ。

単段階課税の問題点は、脱税や捕捉漏れがあった場合の税収減が大きくなってしまうことである。課税が特定段階に集中するため、税率が高くなりやすく、脱税のインセンティブも高まる。したがって、さまざまな段階でとらえる「広く薄い」多段階課税のほうが望ましいわけだ。

しかし、取引のさまざまな段階で課税しようとすると、別の問題が生じる。それは、取引の都度課税されてゆくために、税が累積することだ。

例えば、部品や原材料の生産から始まって、製品の生産、一次卸し、二次卸し、小売りという長い経路をたどって生産・販売される製品の場合、取引の度に税がかかると、それらが積みあがって、最終製品価格に転嫁される。ところが、これらの過程をすべて単一の大企業が行なうこととすれば、課税は最終段階だけですんでしまう。つまり、垂直統合をすると、税率が低くなってしまう。したがって、税が取引形態を攪乱することになる。

このような問題があるため、間接税には欠陥があり、近代的な税は所得税や法人税のような直接税でなければならない、と考えられるようになった。

税額の累積を防ぐ

ところが、フランスで「発明された」付加価値税は、きわめて巧みな方法によってこの問題を解決した。それは、「前段階税額控除方式」の採用である。

これは、「取引のあらゆる段階で課税するが、各段階における税額は、売上げ額に税率を掛けて算出される額から、仕入れ額に税率を掛けた額を控除したものとする」という方式だ。仕入れに含まれる税を控除するから、累積は起こらない。他方で、特定の段階に課税が集中するわけではないので、単段階課税の問題も回避される。

このため、付加価値税は、従来の間接税の欠陥を克服したと評価された。間接税が現代的な税として見直されるようになったのである。EU共通税として広く採用されているのは、このためだ。

ところで、右で述べたことを式で表わせば、ある段階での課税額は、

(売上げ)×(税率)－(仕入れ)×(税率)

であるが、これを書きかえると、

[(売上げ)－(仕入れ)]×(税率)＝(付加価値)×(税率)

となる。つまり、各段階での付加価値に課税することになる。「付加価値税」という名称は、これに由来する(これと所得税などとの関係は、この章の3で述べる)。

付加価値税において前段階税額控除を行なうための手段が、「インボイス」だ。インボイスは、付加価値税制度の核心である。

インボイスは企業規模に関係なく、課税される業者が発行する。各事業者にはVAT番号(納税者番号)が付与される。インボイスに記載されるのは、発行日、物品や役務提供者の氏名・住所、顧客の氏名・住所、役務提供の日付・場所、役務・物品の数量と価格、VAT抜きの合計額、

ＶＡＴ込みの合計額、ＶＡＴ番号などである。

インボイスの魔術

インボイスの機能は、税の累積を防ぐことだけではない。実は、「特に強制しなくとも、制度がうまく働くようになる。とくに、納税者が正しく納税するようになる」という魔法のような効果を発揮する。

物品やサービスの購入者は、消費税支払いの際に、仕入れに含まれている税額を控除できるのだが、それは、インボイスがある場合に限って認められる。このために、つぎのような効果が生じる。

まず第１に、インボイスの使用によって、後段階への転嫁が容易になる。インボイスは、税額と同額の金券のようなものだからだ。

例えば、〈柴又不動産〉という会社があり、そこで用いる宣伝用パンフレットの印刷を〈朝日印刷〉が２００万円で受注したものとしよう。〈朝日印刷〉としては、消費税５％を上乗せして２１０万円で売りたい。しかし、〈柴又不動産〉が、消費税分の10万円はまけてくれと要求してきたとする。このとき、〈たこ社長〉はつぎのようにいえるはずだ。

「もし10万円の消費税を払っていただけるなら、インボイスを発行して、消費税10万円という記載をしましょう。これを税務署に見せれば、御社の消費税支払いは10万円だけ安くなる。つまり、このインボイスは、10万円の金券と同じ価値がある。10万円の消費税支払いと引き換えに10万円の金券が手に入るのだから、差し引きゼロになるでしょう。しかし、10万円の消費税を払っていただけないのなら、当社はインボイスを発行できない。すると、御社は10万円の控除ができず、支払うべき消費税額は10万円高くなる。だから、御社は消費税を支払わないことによって得することはない」

すでに述べたように、消費税は税務署に支払う分と、仕入れ先に支払う分がある。いいかえれば、仕入れ先の業者は、消費税徴収の一端を担っているわけだ。インボイスは、その徴収を円滑に行なわせるための手段なのである。

第2の効果は、〈朝日印刷〉が売り上げをごまかせなくなることだ。例えば、〈柴又不動産〉への売り上げを150万円にすると、インボイスが〈柴又不動産〉から税務署に提出された場合に、計算が合わなくなってしまう。

第3の効果は、〈朝日印刷〉は、免税業者になるインセンティブを失うことだ。もし〈朝日印刷〉が免税業者だと、インボイスを発行できない。このため、〈柴又不動産〉は税額分を控除できない。したがって、〈朝日印刷〉は、取引から排除されてしまうだろう。

日本の消費税は、ヨーロッパの付加価値税をモデルにしながら、その中核であるインボイス制度を導入しなかった。業者は仕入れ価格をもととして、そこに含まれているはずの税額を自分で算定し、控除することにしたのである。

この仕組みだと、各納税者が仕入れを正しく申告しない限り、税額は正しく算定されない。そして、前段階の業者（この例では〈朝日印刷〉）が正しく納税するチェックも働かないことになる。

付加価値税における前段階税額控除方式は、フランスの秀才官僚が考案したきわめて巧妙な仕組みだ。あまりに巧妙なため、「付加価値税は、フランス3大発明の1つ」といわれるほどである。

「中国の（あるいは、ルネッサンスの）3大発明」とは、火薬・羅針盤・印刷だが、それに劣らず重要で、世界を変える可能性をもつ発明というわけだ。ちなみに、フランス3大発明の残りの2つは、「革命」と「メートル法」である。

2 消費税率は引き上げられるか？

年金財政を救う現実的な手段は消費税しかない

消費税率を引き上げるべきだとする政府関係者の発言が多い。

この背景には、公的年金の財政逼迫《ひっぱく》という差し迫った事情がある。未加入者、未納者、免除者の合計は、国民年金加入対象者総数の約39％に達している。強制加入の年金であるにもかかわらず、このような事態が生じている。「保険料を払っても、それに見合う年金を受け取ることができない」という予想がその背後にある。

これ自体が大変重要な問題であり、それについては別の機会に論じることとしたいが、年金財政に何らかの手当てが必要なことも間違いない。しかも、企業の退職金や企業年金は先細り状態になっており、公的年金に期待される役割は強まっている。改革は不可避だ。

保険料の徴収が滞っているので、税金で賄う比率を高めようという方向が考えられている。この是非も問題であるし、いかなる税をこの目的のために用いるべきかも大問題だ。私は、公的年金の財源としては、相続税が望ましいと考えている。これについては、『「超」納税法』で述べた。ただし、現実の世界でそれが不可能であることも認めざるをえない。

消費税が年金財政をまかなうための現実的な税であることは事実だ。消費税が創設されたのは１９８９年であり、税率が現在の５％に引き上げられたのが１９９７年のことだ。そろそろ税率の引き上げが検討されてもおかしくない。

益税問題をどうするか

ところで、税率引き上げを議論する場合に必ず出てくるのは、第1章で述べた「益税問題」である。「税率を引き上げても国庫の収入にならず、業者のポケットに入ってしまうのは許せない」という議論だ。

実は、政府はこうした議論が生じることを見越して、すでに２００２年12月の税制改革で手当てをしている。それが、免税点の引き下げと簡易課税制度の見直しだ。益税反対の議論に対して、「すでに手当てはしてあります」というエクスキューズを作ろうというわけだ。こうした改革が実際にできるかどうかは、これまで述べてきたように、疑問である。しかし、エクスキューズが可能なことは間違いない。もし政治的抵抗で予定通りの改革ができないとしても、「それは抵抗勢力のせいだ」といえるわけだ。

こうして、今後は消費税率引き上げが具体的な政治問題として議論されることになるだろう。この問題は、どう推移するだろうか。反対論が出ることは当然予想される。野党にとっては、政府を追及する格好の材料だ。実は、これについても、すでに対策は講じられている。小泉首相は、これまで何度も、「在任中は引き上げない」と予防線を張っているからだ。「将来の問題としては議論する。しかし、私はやらない」という主張である。

しかし、これを逆読みすれば、「在任中に税率引き上げを決める。しかし、実施するのはつぎの内閣」という意味だとも解釈できる。万一、小泉内閣が予想を上回る長期政権になってしまったとしたら、また「たいした公約でない」ということになるのかもしれない。

本気の反対は弱いだろう

政治的に強い反対論が出ることは間違いないが、その実態は、「立場上反対せざるをえないから反対する」というものだ。税率引き上げに本当に体をはって反対する勢力は少ない。

大部分の業者は、保険料率を引き上げるよりはずっとよい、国庫負担率をあげるにしても、所得税や法人税を財源にするよりはずっとよい、と考えている。

制度本来の趣旨からいえば、業者は消費者から預かった消費税を税務署や前段階の業者に支払うだけであり、税そのものを負担するわけではないからである。益税の可能性が縮小されたとしても、インボイスが導入されないかぎり益税は残る。したがって、これまでも指摘してきたように、内心では税率引き上げを望んでいる業者も決して少なくない。

消費税率が引き上げられたとき、実害を蒙る可能性があるのは、最終段階の小売業者だ。消費税を消費者に転嫁できない可能性があるからである。しかし、これも、対応の仕方で克服できる。

「価格に転嫁すると売り上げが落ちる」という人がいるかもしれない。しかし、すべての財やサービスの価格が一様に上昇するのだから、その財やサービスの全体の売り上げが他の財やサービスに比べて相対的に落ちることはないはずである（経済学の用語を用いて正確にいうと、「所得効果」のみが働き、「代替効果」は働かない）。

転嫁が困難なのは、同一の財やサービスの販売者が近くにいるために、競争上引き上げにくいからである。実際、税率が3％や5％であれば、価格に転嫁せずに自分で負担してしまうことによって売り上げを伸ばすほうが有利な場合もあるだろう。しかし、仮に10％程度の税率になった場合は、状況はだいぶ違ってくる。負担することは到底できず、競争者と協力して転嫁を成功させようとするだろう。

反対すべきは消費者だが

消費税の負担者は、消費者である。消費税率が引き上げられれば、これまでと同じ支出でより少ない消費しか享受できなくなる。したがって、消費税率引き上げに本来反対を唱えるべき主体は、消費者だ。

しかし、消費者の反対が現実に強い政治的要求になるとは考えられない。日本では、もともと消費者の立場からの政治的発言はほとんどないからだ。

消費税は負担感がきわめて薄い税だから、政治的な反対は非常に弱いはずである。消費税は、あらゆる税の中でもっとも負担感が薄いものなのだ。税率自体が低いし、買い物の度ごとに負担するため、1回の負担額が少ないからだ。つまり、時間的にも負担が拡散しているのである。

これは、相続税ときわめて対照的だ。相続税・贈与税においては、きわめて手厚い控除が設定されており、また負担軽減のための特別措置も非常に多い。多くの人は相続税を課税されることがないし、課税されたとしても平均税率は低い。それにもかかわらず、相続税に対する反対は根強く存在し、軽減を求める声が強い。これは、負担が一時に集中するため、強く意識されるからである。そこで、相続税は重い税であるという錯覚に陥ってしまうのだ。

２００２年12月の税制改革では、免税点、簡易課税の改正の他に、もう1つの改正が、あまり目立たない形で行なわれた。それは、外税表示の廃止である。これまで、価格の表示法としては、内税方式（消費税込みの価格と「内、消費税○○円」と併せて表示する方式）と外税方式（消費税抜きの価格と消費税額を別々に表示する方式）の2通りが行なわれてきた。消費税の負担を意識するには、外税方式のほうが望ましい。しかし、２００４年4月からは、すべて内税表示により価格を表示しなければならないことになった。

これによって、消費税の負担はさらに意識されにくくなる。また、消費税額が明確に表示されないケースも出て来ようから、最終小売業者が価格転嫁せずに自分で消費税を負担してしまっても、消費者にはその事実がわからないことになる。「消費税はいただきません」という類の商法の効果が薄れるわけである。したがって、最終小売業者はそうした商法をやめて、消費税を転嫁することになるだろう。

消費税率引き上げに対する準備は、こうした形でもすでに進行している。「景気に悪影響がある」という議論は当然出てくるだろう。しかし、すでに述べたように、すべての財やサービスの価格が一様に上昇すれば、影響は小さいはずである。

ヨーロッパには、付加価値税の税率が20％を超えている国が存在する。だから、消費税率を10％程度にしたところで、経済が立ち行かなくなるはずはない。高率の消費税率が実行可能ということは、すでにヨーロッパで実証されている命題なのである。

3 事業者が消費税に反対する本当の理由

事業者は消費税率引上げに反対する

これまで述べてきたように、消費税を負担するのは消費者である。事業者は、納税手続きの一部を担うに過ぎず、本来は消費税を負担する主体ではない。だから、消費税に対する反対は、消費者サイドだけから上がってしかるべきだ。

しかし、現実には、消費税に対する消費者の反対は、強いものではない。政治的に有効な反対は、本来は反対する理由がない事業者サイドから出ている。なぜだろうか？

第1の理由は、最終小売段階の業者が消費者に転嫁できない可能性があるからだ。「男はつらいよ」の登場人物でいえば、〈とらや〉の主人は、この理由によって税率引き上げに反対かもしれない。しかし、〈たこ社長〉のような中間業者にとって、転嫁はそれほど難しくない。インボイスが導入されれば、より簡単に転嫁できるだろう。だから、税率引き上げには中立的で、インボイスには消費税のことだけを考えれば、むしろ賛成のはずだ。

しかし、現実には、〈たこ社長〉も、税率引き上げに反対である。そして、インボイス導入には強く反対である。なぜなのか？　真の理由は、消費税そのものとは別のところにある。それは、

「直接税に関する情報が露見する」という問題である。これは、税に関して本質的な問題を含んでいるので、以下に説明しよう。

インボイスの機能

仮に〈たこ社長〉が消費税納税額を減らしたいとする。どうすればよいか？　消費税の申告で、仕入れを過大に、売上げを過小にすればよい。これはもちろん脱税だ。だから、税務署の調査で露見する危険がある。しかし、容易には露見しないのである。

仕入税額控除の要件は、消費税導入時には、「請求書等または帳簿」であった。1997年の改正で、これが「請求書等かつ帳簿」となった。つまり、

《1》帳簿に記入する
《2》請求書等を保存する

という2つの条件を満たさなくてはならないのである。そこで、消費税の税務調査にきた税務署は、これらのデータを調べる。

税務署は、帳簿や請求書に記載された金額が正しいかどうかチェックするには、〈朝日印刷〉の取引データを調べる必要がある。もし、すべての取引が口座振り替えのデータを伴っているのなら、銀行通帳を調べるだけでチェックできる。しかし、実際には売掛けや買掛けが多いので複雑だ。〈朝日印刷〉のデータが正しいかどうかをチェックするには、半面調査（仕入れ先や販売先

のデータを調べて照合すること）が必要なものも多いだろう。しかし、〈朝日印刷〉の仕入れ先や販売先は多数あるので、この作業は面倒だ。

インボイスがあればどうなるか？ 〈朝日印刷〉が仕入れの過大申告をするのは難しい。なぜなら、仕入れ先は、実際の売上げに対応するインボイスしか渡してくれないからだ。そこで、仕入れ先を半面調査しなくとも、インボイス記載の金額は正しいものと推定できる。だから、税務署は、〈朝日印刷〉の手元にあるインボイスを調査するだけでよい。

また、〈朝日印刷〉が売上げを過小に申告するのも難しい。なぜなら、販売先はインボイスを要求してくるからだ。だから、正しい売上げを記録したインボイスを発行せざるをえない。税務署としては、〈朝日印刷〉に残っているインボイスの控えを調べるだけで、正しい売上げを把握することができる。こうして、消費税の課税に関する正しいデータを税務署が入手できる。したがって、消費税の脱税は困難になるだろう。

インボイスがあると直接税をごまかせなくなる

しかし、本当の問題はその先にある。もしインボイスで正しい売上げ・仕入れが分かると、税務署はそのデータを法人税の徴税に用いることができる。〈朝日印刷〉がインボイスに反対する本当の理由は、ここにある。

消費税に関しても脱税のインセンティブはあるが、それほど強くはない。なぜなら税率が低いからだ。仮に売り上げや仕入れを100万円ごまかせたとしても、それによる消費税上の利益は5万円である。しかし、法人税は約30万円安くなる。だから、〈たこ社長〉の本当の関心は、消費税ではなく、法人税にある。

消費税の税率が上がれば、税務署の消費税調査も厳しくなるだろう。そうすると、偽データが露見する危険が高くなる。もしインボイスが導入されれば、露見の確率はもっと高くなる。だから、売り上げや仕入れをごまかせなくなる。消費税が脱税できなくなるのはいいとしても、法人税が増えるのは困る。これが〈たこ社長〉の本音である。

もちろん、問題はそれほど簡単ではない。なぜなら、消費税と法人税は別の税であるから、本来は別々の税務調査を行なうべきものだからだ。消費税の徴税で得たデータを法人税の課税に利用するのは望ましくないといえるだろう。しかし、税務署内部でどのようなデータ利用がされているかは、分からない。〈たこ社長〉としては、消費税のデータは法人課税に利用されると考えざるをえないのである。

つまり、消費税率の引き上げやインボイスの導入に対して〈たこ社長〉が反対する理由は、消費税にかかわるものではなく、法人税にかかわるものなのである。〈とらや〉の主人にとっても、事態は同じだ。彼が消費税引き上げに反対するのは、転嫁が難しいというだけの理由ではない。本音は、事業所得の実態が露見してしまうことに反対なのである。

ちなみに、多くのヨーロッパ諸国では、この問題は生じない。それは、直接税と付加価値税の徴税官庁が別だからだ。イギリスの場合、前者はThe Inland Revenue（内国歳入庁）であり、後者はThe Department of Customs and Excise（関税および間接税庁）だ。ローマ帝国時代からの歴史的経緯によって、直接税と間接税は、別官庁の所管となっているのである。これらの官庁間の情報交換はそれほど密でないと考えられる。日本の場合の問題は、直接税も間接税も同一の官庁である国税庁が所管していることだ。

徴税に関する本質的問題

さて、以上で述べた問題の本質は、「事業に関する詳細データを、当事者は知っているが、税務署は直ちには把握できない」という点にある。帳簿や関連書類の保存を義務付けたところで、そこに記載されているデータが正しいかどうかは、一般には、他のデータと照合しないと確認できない。事業者間取引は多数対多数なので、こうした確認はきわめて困難である。したがって、正確なデータの入手はきわめて難しい。

しかし、税に関して利害が相反する当事者が相互チェックするような仕組みを導入すれば、正しいデータを税務署が入手できる。インボイスを導入すると、取引者間で相互チェックが働き、税務署が把握しやすい形でデータが残るのである。

消費税においては、インボイスがあれば、そこに記載されたデータは正しいものと推測できるから、半面調査を行なう必要がない。徴税事務は著しく簡素化される。こうした事情があるからこそ、インボイス（あるいは、インボイス型付加価値税）は、「フランスの3大発明の1つ」といわれるのである。

しかし、日本の消費税においては、インボイスは存在しない。ここに消費税の基本的な欠陥がある。消費税はヨーロッパの付加価値税をモデルとしたものだが、最も重要な要素を導入しなかった。その意味で、「似て非なるもの」といわざるをえない。

正確にいえば、導入したくとも、できなかったのだ。それは、法人税や事業所得の課税適正化への抵抗が強いからだ。ここに、日本の税制の歪みが象徴的に現われている。

インボイスは、これからも導入されることはないだろう。２００２年12月に決定された税制改革においても、インボイスについては何も触れられていない。免税点をいかに引き下げても、また簡易課税制度をいかに見直しても、消費税は欠陥税のままに留まる。将来の高負担税制を支える税としては、いかにも不十分なものと評価せざるをえないのである。

4 源泉徴収はあるが、インボイスはない日本の税制

当事者間の相互チェックで正しいデータが残る

税務当局が経済取引の実態を把握するのは、決して容易なことではない。まず、無申告者をピックアップしなければならない。これ自体がかなり困難だ。調査必要対象を把握し、そこで帳簿や書類を調べたとしても、記載されているデータが正しいかどうかをチェックする必要がある。このためには相手方を調べる必要もあるが、これも大変なことだ。

ところが、経済取引において当事者間の相互チェックが自動的に働くような仕組みを導入できれば、正しいデータの入手可能性が高まる。ヨーロッパの付加価値税において用いられるインボイスは、そのような仕組みであると前節で述べた。

「当事者間の相互チェックで正しいデータが残る」という仕組みの重要性は、給与所得課税における源泉徴収制度の役割を考えると、了解できよう。仮に給与所得に対する源泉徴収制度がなかったとしたら、どうなるだろうか？　会社側は、法人税の申告において損金を大きくするために、給与支払い額を過大に申告するだろう。税務署がそれをチェックするには、そこに記載された給与所得者にいちいち確認しなければならない。大会社になれば従業員は多数いるから、これ

は大変な作業になるだろう。

また、給与所得者側は、申告しないことによって所得税の負担を免れようとするだろう。頻繁に転職する人などもいるから、税務署が給与所得者を完全に把握するのは容易ではない。また、申告しても、受取額を過小に申告するかもしれない。

こうした問題は、源泉徴収制度によって完全に解決されているのである。なぜなら、当事者間で相互チェックが働くからだ。まず、支払い者（会社）が源泉徴収票における給与支払い額を過大に記載すれば、受取り者（従業員）が承知しないだろう。申告すべき所得税が増えてしまうからだ。つまり、一人一人の給与所得者による個別チェックによって、法人税における給与支払い過大申告は防止される。

他方で、給与受取り者は、「源泉徴収をしないでほしい。あるいは、給与の支払額を実際の額より少なく記載してほしい」と会社に頼むかもしれない。しかし、源泉徴収票における給与支払額を過小にすれば、会社の損金が実際より少なくなってしまって、法人税が増えてしまう。だから会社は、こうした要請を拒むはずである。

こうして、源泉徴収票には、正しい給与データが記載されることになる。そして、税務署は、給与支払いに関する正しいデータを手に入れることができる。

〈たこ社長〉が所得をガラス張りにする理由

ここで注意すべきことは、給与所得に対する源泉徴収制度は、サラリーマンの所得をガラス張りにするだけでなく、事業所得のかなりの部分をもガラス張りにするという事実である。すでに述べた理由によって、〈たこ社長〉が経営する〈朝日印刷〉も、給与所得に関しては正しい経理をしているはずである。だから、〈たこ社長〉や奥さんの給与所得も、ガラス張りなのである。

この説明には納得されない方がいるかもしれない。〈朝日印刷〉は同族会社であり、事実上〈たこ社長〉と一体だからだ。したがって、「給与を払い出さなければよいのではないか？〈朝日印刷〉に利益を留保しておけばよい。同族会社なのだから、自由に使えるではないか」と考える向きがあるかもしれない。しかし、日本の税制では、つぎのような事情によって、そうならないのである。

第1は、給与所得控除が寛大であり、しかも、〈たこ社長〉のような事業経営者にも適用になるからだ。このため、〈たこ社長〉は、〈朝日印刷〉からかなりの額の給与を得ている。そうすることによって税負担を軽減できるのである（これについては、『「超」納税法』で詳しく述べた）。つまり、所得がガラス張りになることと引き換えに、税負担の軽減を選択しているのだ。

第2は、同族会社に対する「留保金課税」という制度があるからだ（同族会社に一定額以上の留保金が生じたときには、通常の法人税とは別に、特別の法人税が課される制度。ただし、自己資本比率が50％以下の中小法人については、2002年末に決定された税制改正で、課税が停止されることになっている）。したがって、給与として払い出さずに会社の内部留保を多額にすると、税負担上不利になってしまうのである。

結局、日本の税制は、源泉徴収、給与所得控除、内部留保金課税という仕組みによって、同族会社の所得のかなりの部分を把握可能な方向に誘導しているといえる。

しかし、だからといって、〈朝日印刷〉の収支が完全にガラス張りになっているわけではない。仕入れを過大に申告し、売上げの一部を除外している可能性は、大いにある。これによって法人税を減らすことができるからだ（もちろん、脱税である。なお、消費税も減らすことができる）。

インボイスは、事業の収支に関して源泉徴収制度と似た機能を発揮する。インボイスがあれば、〈朝日印刷〉はこうした操作を行ないにくくなる。こうして、取引の全容は税務署が把握することとなる。しかし、これまで強調したように、インボイス制度は日本の税制には存在しない。

給与所得の場合は、1つの会社が多数の従業員を抱えるから、仮に源泉徴収制度がなかったとしても、比較的少数の会社を調査するだけで多数の給与所得者のデータを入手できる。しかし、事業者間取引は多数対多数なので、データがチェックしにくいのである。「相互チェック」の仕組みを導入しないと、正確なデータの入手は困難だ。その意味では、給与所得に対する源泉徴収よりも、インボイスの必要性は高いといえる。

給与所得の正しいデータを把握するための源泉徴収制度は存在するにもかかわらず、事業者間取引の正しいデータを把握するためのインボイス制度は存在しない。ここに日本の税制の歪みが象徴的に現われている。

なぜ源泉徴収が導入できたのか

納税者の立場からすれば、取引データを相互チェックせざるをえないような制度には、もちろん反対だ。では、源泉徴収制度はなぜ導入できたのだろうか？

それは、「戦時下」という特殊な事情があったからだ。給与所得に対する源泉徴収制度は、1940年の税制改革において導入された。総合所得税と併用する分類所得税が創設された際に、「勤労所得」の分類が設けられ、その一部について6％の比例税率による源泉徴収が行なわれることとなったのである。これは、ナチス・ドイツの制度にならったものだ。それまで利子・配当所得にのみ適用されていた源泉徴収制度を、広く大衆所得にまで拡大したのである。

これは、「世界に先駆けて導入した」ものだ（現在では、フランスを除く主要先進国において、給与所得に対する源泉徴収が行なわれている）。日中戦争下で税収の増加を図るという特殊な事情を背景にして導入された、戦時体制の一部である。

ところで、インボイスは、納税者番号制度とも関連している。インボイスが徴税上有効に働くのは、事業者に統一的な番号が振られることにもよる。つまり、インボイスは、事業者だけに限った納税者番号制度であるともいえる。これによって集計が容易になる。電子的データ処理が可能な現在では、数字による識別は、データ処理上大変大きな効果を発揮するのである。

ところが、納税者番号制で提案されているのは、全納税者に対して番号を付与することだ。サラリーマンの場合、源泉徴収制度で給与所得は完全に把握されているから、これに加えて番号制度を導入する必要はないように思われる（納税者番号制のねらいは、実は、資産所得の把握にあると考えられる）。全納税者に対する番号の付与の前に必要なのは、事業者だけに限定した番号制の導入ではないだろうか。

まとめ

1. インボイスがあると、多段階課税であるにもかかわらず税の累積が生じない。また、転嫁が容易になる。日本の消費税にはインボイスが存在しないことが問題だ。
2. 年金財政を救う現実的な手段は、消費税率の引上げだとされている。しかし、インボイス不在のままで税率を引上げると、益税拡大などの問題が生じる。
3. 事業者がインボイス導入に反対するのは、直接税の徴税強化に使われる危険があるからだ。
4. 当事者間の相互チェックが働く仕組みを導入すると、税務当局が経済取引の実態を容易に把握できるようになる。所得税における源泉徴収は、その例だ。インボイスもそうした仕組みだが、これが導入できないところに日本の税制の問題がある。

Chapter 4

第4章
土地などの資産にかかる税

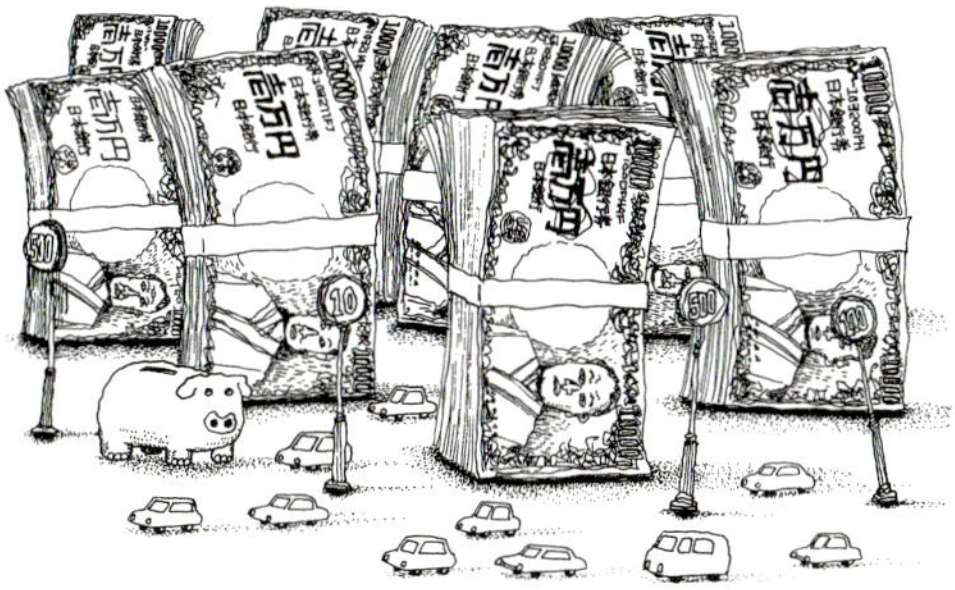

土地などの資産を売れば税金がかかる。このことは誰でも知っているが、売却益にかかる税は、経済活動に対して重要な影響を与える。戦後日本の土地問題は、この点を抜きにしては理解することができない。そこで、この章では、資産に対する課税の問題について考えることにしよう。

1 資産を売却したときにかかる税

土地の譲渡益に対する課税

資産を売った場合の利益（＝収入金額－取得費－譲渡費用）は、「譲渡益」と呼ばれ、これに対して所得税がかかる。個人が土地や建物を売った場合の譲渡益に対する課税は、所有期間の長さと居住用財産か否かによって、つぎのように区別された扱いになっている。

《1》所有期間5年以内の場合

つぎのいずれか多い方の税額による分離課税

・譲渡益×40％（＋住民税12％）

・総合課税による上積税額×110％

《2》所有期間5年超の場合

つぎの式による分離課税

・（譲渡益－100万円）×20％（＋住民税6％）

なお、取得費がわからない土地の場合は、売却額の5％がみなし取得費とされる。

《3》所有期間10年超の居住用財産の場合

つぎの式による分離課税
・譲渡益（3000万円特別控除後）6000万円以下の部分×10%（＋住民税4%）
・譲渡益6000万円超の部分×15%（＋住民税5%）

土地以外の資産の譲渡益に対する課税

以上で示したのは土地・建物の場合だが、他の資産の場合も、売却益があれば、つぎの式によって「譲渡所得」が計算され、課税される。
・譲渡益＝収入金額－取得費－譲渡費用
・譲渡所得＝譲渡益－特別控除額（最高50万円）
土地・建物・株式以外の資産の譲渡所得は、他の所得と合計して総所得金額を求め、それに所得税の税率をあてはめて、納めるべき税額を計算する。なお、合計する金額は、短期譲渡所得（所有期間が5年以下）の場合は全額、長期譲渡所得（所有期間が5年超）の場合は、2分の1に相当する金額である。

このように、譲渡益への税は短期所有の場合に重くなっている。これは、転売利益だけを求める取引にペナルティを科すためだと説明される。かつての地価上昇期にいわゆる土地転がし的な取引が広がったため、とくに土地については、短期保有が重課されている。しかし、この措置が本当に転売取引を抑制するかどうかは、疑問である。

他方で、長期間にわたって発生した所得を一時点で課税すると、総合課税される場合には超過累進税率の影響で税負担が過大になってしまう。そこで、それを防ぐために長期保有の場合の課税が軽くなっていると説明される。しかし、こうした考え方に正当性があるかどうかも、疑問である。

未実現の値上がり益も所得

資産の値上がり益（＝現在の価額－購入費）を、「キャピタルゲイン」ということがある。保有している資産の価格が値上がりすれば、キャピタルゲインが生じるわけだ。その資産を実際に売却すれば、値上がり益が現金化される。これを「実現されたキャピタルゲイン」という。これに対して、資産が保有されたままである場合のキャピタルゲインは、「未実現のキャピタルゲイン」と呼ばれる。

所得税で課税されるのは、「実現されたキャピタルゲイン」だけである。つまり、資産がいかに値上がりしようが、保有し続けている限り税がかからない。「未実現のキャピタルゲインが非課税」というのは、日本だけの特殊事情でなく、どこの国でも同じだ。しかし、このことは、経済活動に対して大きな歪みを与える。

それについて説明する前に、「本来は、未実現のキャピタルゲインに課税すべきか？」という問題を考えよう。これは、「所得税が課税の対象とする〈所得〉とは、一体何か？」という問題にまでさかのぼらないと判断できない。

現実の所得税では、課税すべき所得を源泉面で捉えて列挙している。実務的な対処にはそれでよいが、原理的な問題を考えるには、どの範囲のものをリストに載せるかを判断する基準が必要だ。それを考えるには、所得を使途面（あるいは処分面）から捉えるとよい。

この観点から見ると、所得は、消費されるか、あるいは資産の蓄積を増やすかに使われる。したがって、「一定期間の消費額と資産の増加額の和が所得である」と定義することができる。

この定義からすると、キャピタルゲインは、実現、未実現にかかわりなく「所得」とみなされることになる。未実現のキャピタルゲインは、資産の増加額そのものだからである。

キャピタルゲインに対する課税に対しては、反対が強い。「いちど税金を払った資金で購入した土地になぜまた税金がかかるのか」「土地を持つのは値上がり益を目的とするものではないのだから、譲渡益に課税するのはおかしい」という類の意見が多い。あるいは、譲渡益課税が富裕税（多額の資産の保有に課される税）だと誤解される場合もある。

キャピタルゲインが所得税の対象となるのは、それが所得だからである。したがって、給与や利子所得と同じように課税がなされなければならない。そうでないと、経済活動に歪みを与えることになる。

なぜ未実現益に課税しないのか

では、現実の所得税で、なぜ未実現キャピタルゲインに課税しないのであろうか？　その理由としては、つぎの3つのものがあるとされる。

第1は、多くの資産について、売却しない限り現時点での市場価値を客観的に評価できないことだ。土地のように個別性が高く、それほど頻繁に売買されるわけではない資産の場合には、確かに市場価値を求めるのは難しい。

しかし、上場株式のように市場価格がわかる資産については、これは、未実現キャピタルゲインに課税しない理由にはならない。土地についても、相続税の課税のために「路線価」が算定されている。それを用いて相続税の課税が決定されているのだから、これを用いれば、未実現キャピタルゲインに課税できるはずだ。

第2の理由は、徴税が面倒なことである。譲渡はごくたまにしか起こらないが、もし未実現キャピタルゲインに課税することになれば、すべての資産を対象とする必要があり、大変な手間になる。

しかし、土地・建物については、原則としてすべての対象に固定資産税が課されている。それに、この問題は徴税手続きを簡素化し、徴税体制を強化すれば対応できないことではない（なお、固定資産税は、土地・建物に対する未実現キャピタルゲイン税と解釈することもできる。これについては、この章の2で述べる)。

第3の理由は、資産を売却しないと納税のための資金が手元にないことだ。資産を担保として借り入れをすることも考えられるが、納税のための借り入れは、現実には難しい。

これに対して、資産を売却した場合には、多額の現金を手にすることが多い。キャピタルゲインはその一部に過ぎないから、それに対する課税は、比較的受け入れられやすい。「納税資金の有無」というのは、本来あるべき課税原則とは異なるものだ。しかし、現実の世界で重要な意味をもっていることは間違いない。

このように、キャピタルゲイン課税は、原理原則的な理由ではなく、現実世界の便宜によって決められている面が強い。経済活動に対して歪みが発生するのは、そのためである。

前に述べたように、実現したキャピタルゲインに対してさえ反対が強い。ましてや、未実現のキャピタルゲインに課税するのは、現実には政治的にほぼ不可能だ。しかし、それが経済活動に大きな歪みをもたらすことも、事実なのである。

2 土地問題を増幅した税制

実現益だけに対する課税がもたらす歪み

資産の値上がり益（キャピタルゲイン）は、売却して現金化したときにだけ課税の対象となるため、経済活動に対して歪みを与えると前節で述べた。その具体的な意味を説明しよう。

第1の歪みは、売却を阻害することだ。これを「凍結効果」（ロックイン効果）という。土地の流動性が低下してしまうのである。戦後の日本では地価上昇が激しかったため、この効果が強く働いた。

土地にしてもその他の資産にしても、必要なときには売却して消費にあてるか、他の資産に乗り換えるのが本来の姿だ。譲渡益課税はこれを阻害することによって、経済活動に歪みを与えるわけだ。

第2の歪みは、資産の保有形態に対する影響である。具体的には、資産としての土地保有を有利にしたことである。この効果は、凍結効果に比べるとやや理解しにくい。そこで、つぎの仮想例によって説明しよう。

最初に税金がない経済を考えよう。資産としては、土地と金融資産（預金や債券）という2種類のものしかないとする。資産としての収益は、金融資産の場合には「利子」という形で発生する。土地の場合には、賃貸した場合の「賃貸料」と「値上がり益」という形で発生する。

利子率は10％であるとする（現在の日本では非現実的な値であるが、簡単化のための仮想例である）。つまり、1億円の金融資産は年間1000万円の利子を生む。これを消費しないで貯蓄すれば、1年後の金融資産は1億1000万円になる。

1億円の土地は、賃貸すれば年間400万円の賃貸料を生み、値上がり益が600万円であるとしよう。賃貸料を貯蓄すれば、1年後にはやはり1億1000万円になる。つまり、土地と金融資産は同じ収益率だ。

ここで、税率50％の所得税が課されるとしよう（これも、非現実的な値だが、説明の便宜のためにこうする）。手取りの利子は500万円になるから、金融資産で保有した場合の1年後の資産額は1億500万円だ。これに対して、土地で保有した場合に課税されるのは賃貸料だけだから、1年後の資産額は1億800万円になる。つまり、資産は、金融資産でなく土地という形態で所有するほうが有利なのである。

なお、1988年3月までは、少額貯蓄非課税制度（マル優）があり、郵便貯金（限度300万円）と銀行預金の残高300万円までから生じる利子所得には課税されなかった。ただし、それ以上の残高の利子には課税された。つまり、ここで考えているオーダーの金融資産には課税がなされたのである。なお、国債の利子にも課税されなかったが、1970年代頃までは、国債の発行額が少なかったため、個人の貯蓄が国債に運用されることは稀だった。

土地問題の悪循環

こうして、高度成長期から１９８０年代までの日本では、資産を土地という形態で所有することが有利になった。

実際は、右の仮想例で示した以上に、土地が有利だった。都市においては、値上がり率が利子率を超えることが普通だったのである。しかも、保有し続けている限り課税はなされない。だから、賃貸せず空地のままにしておいても、あるいはきわめて低度利用のままに放置しておいても、土地を保有し続けることが経済的に合理的な行動だった。

つまり、土地は本来は居住用や経済活動用に利用する生産要素であるが、むしろ資産として使われてきたのである。資産として用いられるために、土地に対する需要がそれだけ多くなる。それが地価をさらに吊り上げ、資産需要をさらに増やす。かくして悪循環が生じた。

もし未実現のキャピタルゲインに課税されていたら、土地に対する需要はもっと少なくなり、地価上昇率はもっと低くなっていただろう。この意味で、税制が日本の土地問題の大きな原因の１つになったのである。

もちろん、それだけが土地問題の原因だったわけではない。実際、１でも述べたように、未実現キャピタルゲインが非課税なのは、どこの国でも同じである。日本の場合には、土地の値上がり率が極めて高かったため、未実現キャピタルゲインの非課税がとりわけ大きな歪みを引き起こしたのである。

ここで注目すべきは、固定資産税の役割だ。もし地価の時価に対して数パーセントの固定資産税が課されていたとすれば、それは未実現キャピタルゲインに対する課税と同じ役割を果たしていただろう。例えば、地価上昇率が10％であるとすれば、地価の２％の固定資産税は、未実現キャピタルゲインに対する20％の課税と同じになる。これは、前述した資産としての土地の優位性を消滅させていたはずである。

アメリカやイギリスでは、固定資産税の税率がかなり高い。アメリカの場合、州によって異なるが、多くの場合、不動産の時価の１％程度である。アメリカの地価上昇率を考慮すると、この程度の税率で、不動産の未実現キャピタルゲインに対して利子所得と同率で課税をするのと同じになる。

しかし、日本の固定資産税の実効税率は、きわめて低かった。バブル期の都市部では、地価の０・05％程度にまで低下したと考えられる。

これは、地価上昇率が高かったからだ。当初は日本でも固定資産税の実効税率はそれほど低くなかったが、地価が上昇すると、税負担が増加する。そこで、激変緩和措置として、固定資産税の実効税率を引き下げたのである。そして、激変緩和措置が恒久化してしまった。つまり、高地価が固定資産税の実効負担率を引き下げ、それが資産としての土地の有利性を高めて土地に対する需要を増加させ、そして地価をさらに上昇させたのだ。

つまり、本来は未実現キャピタルゲインの非課税を是正すべき固定資産税の実効税率の引き下げと高い地価上昇率が、互いに他を強めあい、とめどもない悪循環を作っていったのだ。税制の歪みは、日本の土地問題の唯一の原因ではないものの、悪循環を増幅させる上で重要な役割を担ったことは間違いない。

期待で支えられた高地価

日本の土地問題は、国土の狭小性によってもたらされたと考えている人が多い。しかし、都市的な経済活動に用いられる土地に関する限り、日本は決して狭くない。我々がアメリカを旅行して「広い」と感じるのは、森林や農地あるいは砂漠など、都市の外を旅行しているときだ。「都市的用途に使われていない土地が広いから、広く感じる」のである。

ニューヨークのような大都市にいるとき「アメリカが広い」と感じることはない。実際、その面積は東京に比べて決して広くない。むしろ、都市面積では東京のほうが広いのである。日本の都市には空き地や農地、そして低層の建築物が多いため、土地利用度は、欧米の都市に比べてずっと低いのだ。

「都市的利用に関するかぎり日本は狭くない」というのは、オフィスの賃貸料を見ても明らかだ。バブル期においてさえ、日本の都市におけるオフィスビルの賃貸料は、欧米の都市のそれに比べて高くはなかったのである。

日本で高かったのは、賃貸料ではなく、地価である。前者がスペースの「利用価格」であり、後者はスペースの「資産としての価格」である。資産としての価格が高くなった理由は、これまで説明したとおりだ。

そこでは、「将来にわたっての値上がり益」が重要な役割を果たしている。簡単にいえば、これまで日本の地価は、「将来高くなると考えられるから、高くなっていた」のである。以上で述べたのは、そのメカニズムの中で、未実現キャピタルゲインの非課税（あるいはその代替手段となるべき固定資産税の低さ）が重要な役割を果たしたということだ。

「高くなると思うから高くなる」というメカニズムは、「バブル」に他ならない。それは、期待が壊れれば壊れる。他の条件が何も変わらなくてもそうなる。現在の日本は、まさにその状態を経験している。

3 実は非常に重要な固定資産税

不動産の保有を有利にした税の歪み

これまでに述べたのは、「未実現の値上がり益は課税されないので、利子を生む金融資産より不動産のほうが税制上有利になる」ということだ。実は、不動産の所有は、これとは別の意味でも、税制上有利なのである。

例えば、3000万円の資金を持つ人がいるとしよう。これで住宅を購入して住んだとすれば、不動産購入時にかかる税を無視すると、毎年の税負担は固定資産税だけだ。2で述べたように、80年代までの日本では、固定資産税の負担は無視しうるほど軽いものだった。

ところが、3000万円を銀行に預金して利子所得を得、それを用いて借家をすると、利子所得に対しては課税がなされるので、借家の家賃に回せるのは税引き後の利子所得になる。したがって、購入した場合と同じ住宅に居住することはできない。つまり、利子所得に対する課税分だけ、借家が不利になるわけである。

これは、「帰属家賃の非課税」といわれる問題であり、税が不動産の所有を有利にする理由として、しばしば指摘される。持家に居住することは、不動産所有者が自分自身に賃貸することとみなせる。自分が自分に支払う賃貸料を「帰属家賃」というのだが、これを受け取っても課税の対象とはならないのである。受け取った利子や他人に貸した場合の家賃には課税されるが、帰属家賃には課税されない。これが、右で述べたバイアスを引き起こす原因だ。

こうして、税制上、借家に比べて持家が有利になる。借家形態での居住が促進されないため不動産の有効利用が妨げられ、土地問題を悪化させる1つの原因となった（戦後の日本では、これに加えて借地借家法の影響もあった。いったん貸すと戻らなくなる恐れがあったため、家族が住めるような規模の借家の供給が極端に少なくなった）。

右で述べたのは、不動産の利回り（不動産資産額に対する帰属家賃の比率）と預金の利回りが等しいとした場合のことである。現実には、2で述べたように、不動産は継続的に値上がりしていたので、持家の利益には値上がり益が加わった。そして、帰属家賃と値上がり益をあわせた不動産の利回りは、利子率に比べて遥かに高かったのである。

しかも、住み続けている限り値上がり益に課税されることはない。また、住み替える場合も、居住用財産の買替え特例措置があり、実現した値上がり益に対してもほとんど課税されなかった。さらに、相続税でも土地資産は有利に扱われる。また、一般的にインフレ基調であったため、住宅ローンの実質価値は短期間のうちに減少した。

このため、誰もが不動産を所有したいと考え、そのために多くのものを犠牲にした。戦後の日本社会では、殆どの日本人が、なんらかの意味で生涯の大部分を土地問題に振り回された。本来は生活の一手段に過ぎない住宅の取得が、人生最大の目的と考えられるようになってしまったのである。その大きな原因の１つが、これまで述べてきた税制の歪みにあったことを忘れてはならない。

適正な固定資産税が問題を解決する

固定資産税は未実現キャピタルゲイン課税の代わりになることを2で述べた。実は、ここで述べた帰属家賃非課税の問題も、固定資産税が解決しうるのである。不動産の値上がりがない場合を考えると、利子所得に対するのと同じ負担率で固定資産税が課されれば、前に述べた問題は発生しない。

例えば、不動産資産額に対する帰属家賃の比率が10%であるとし、利子率も10%であるとしよう。そして、利子所得に対する税率は20%であるとしよう。この場合、３０００万円の貯蓄から得られる税引き後の利子は、毎年２４０万円だ。したがって、家賃２４０万円分の住宅に住める。

他方で、不動産を所有している場合には、毎年の帰属家賃は３００万円だが、不動産価値の２%の固定資産税が課されているとすれば、60万円を支払う。借家の場合にもあと60万円支払えば３００万円の家賃の住宅に住めるのだから、両者は同じことになる。このように、不動産価値の数パーセントのオーダーの固定資産税は、これまで述べてきた税制上の歪みを是正するのだ。

ところで、「未実現のキャピタルゲインや帰属家賃に課税する」と聞くと、多くの人は、非常識な考えだとして反発するだろう。しかし、つぎの2点に注意する必要がある。

第1に、これは過剰な課税ではなく、本来あるべき課税だ。未実現のキャピタルゲインや帰属家賃に課税がなされないことがおかしいのであり、そのためにこれまで述べてきたような問題が発生するのである。

第2に、仮に固定資産税が強化されれば、それによって他の税の負担を引き下げることが可能になる。どの程度の引き下げが可能かを、具体的に調べてみよう。

税率1%で22兆円の税収

現在、家計と民間企業が保有する固定資産（住宅、建築物など）と土地の合計額は、約2246兆円である（1999年度。内訳は次頁の表を参照）。これに対して1%の固定資産税をかけると、税収は約22兆円となる。これは、国税総額（2002年度当初予算で約49兆円）のほぼ半分であり、所得税、法人税などの税収にほぼ匹敵する。つまり、仮にすべての固定資産に対して（現存の固定資産税に加えて）時価の1%の課税ができれば、所得税と法人税を全廃できるのである。

改めていうまでもないが、所得税・法人税の徴税のためには、大変な労力が費やされている。納税者の側でも、納税額それ自体の負担の他に、源泉徴収、記帳、税額の計算事務等々、大変な苦労を強いられている。1%の固定資産税は、それらすべてを不要にできるわけだ。

もし税率を2%にすることができるなら、固定資産税の税収は、国税の総額にほぼ匹敵するものとなる。もし税率4%の固定資産税を新たに課すことができれば、地方税も含めて他の税をすべてゼロにして、おつりがくる。つまり、税は固定資産税だけでよいことになる。

現実の固定資産税税収は、約9兆円である。したがって、固定資産税だけで地方税も含めた全税収をまかなうには、現状のほぼ10倍の負担が必要になり、あまり現実的なものとはいえない。しかし、まったく非現実的な夢物語として退けることもできないだろう。とりわけ、所得税や法人税の負担軽減をはかることは、十分検討に値するだろう。

実際、固定資産税は、いくつかの優れた性質をもっている。まず、外形標準のみによって税額を計算できるため、徴税が簡単である。また、税回避や脱税がほぼ不可能だ。

逆進性がない点も優れている。消費税など徴税が簡単な税は、低所得者の負担が相対的に高くなり、高所得者に対して十分な負担を求められないという欠点がある。しかし、固定資産税の場合には、この問題がない。なぜなら、高所得者は、ほぼ例外なく何らかの固定資産を保有しているからだ。そして、多くの場合において、資産額の所得に対する比率は、高所得者ほど高くなるだろう。つまり、累進税率を導入しなくても、累進的な課税が可能になると思われる。

唯一残るのは、納税資金が手元にない場合がありうるという流動性の問題だ。多額の資産を相続した場合や寡婦の場合などに、この問題が発生する。これは、相続税の負担増加を求める場合にも問題になることである。これに対処するには、『「超」納税法』の第4章で述べたリバースモーゲッジなどの導入が必要であろう。

固定資産と土地の保有状況

（単位：兆円）

	固定資産	土地
家計	256	1005
民間企業	573	412
計	829	1417

4 ヘンリー・ジョージの単一税

貧困の原因は土地制度にある

19世紀末のアメリカで、サンフランシスコの一地方新聞発行者の意見が、世論を沸騰させていた。彼が1879年に書いた『進歩と貧困』は、全世界で200万部以上売れた。この本は、現在にいたるまで、絶版になったことがない。

著者の名は、ヘンリー・ジョージ。彼は経済学の専門教育を受けたことはない。それどころか、初等教育さえ途中までしか受けなかった。さまざまな職業を転々としたあげく船員になり、航海の途中で下船したサンフランシスコに住み着いた。彼はそこで、テントの野営地が大都市に変貌してゆく様を目のあたりにした。泥の通りが舗装され、電車とバスが通るようになった。素晴らしい建物がつぎつぎに作られていった。しかし、貧しい人々の数は、減らないどころか増えてゆく。社会全体の富が増えるのに、それを上回って貧困が増えるのだ。

ヘンリー・ジョージは、その原因を土地制度に見た。開発による利益が、社会に還元されるのではなく、地価を高めて少数の土地保有者に帰属してしまう。これを変えるには、土地に対する税を強化するしかない。その半面で、経済活動に抑制的影響を与える労働や資本に対する税を軽減すべきだ。

このアイディアは、彼独自のものではない。デイビッド・リカードやジョン・スチュアート・ミルなども、似た考えをもっていた。多くの税は生産活動に抑制的な影響を与えるが、土地に対する課税はそうした効果をもたないというものだ。「固定資産税だけで国家財政をまかなうべし」とするこの主張は、「土地単一税」(single tax on land) 主義として知られる。

この考えに、広範な政治的支持が集まった。ヘンリー・ジョージは、「トーマス・エジソンとマーク・トウェインのつぎに有名なアメリカ人」といわれたほどだ。1886年、ニューヨーク市長選に出馬し、当選まであと一歩のところまでいった。

孫文に与えた大きな影響

ヘンリー・ジョージの土地単一税構想は、その後、オーストラリア、ニュージーランド、カナダなどの税制に大きな影響を与えた。アメリカ、西ヨーロッパの税制にも影響したといえる。

しかし、もっとも大きな影響がありえたのは、中国であろう。それは、孫文がヘンリー・ジョージの考えに強く影響されたからである。孫文はマルクスにも影響を受けたが、実際に取り入れたのは、『進歩と貧困』の考えだった。そこから引用された「土地を利用する平等の権利」が、国民党のスローガンになった。そして、三民主義に基づく4大綱領の1つとして、「平均地権」(土地所有権を平等化すること) をうたった。

これに基づいて土地改革の準備がなされたが、国共合作や共産党との内戦によって、実現には至らなかった。1931年以降、中国における土地改革は現実の政策としては頓挫《とんざ》し、政府の宣伝文句や学問的な議論の対象以上のものにはならなくなった。

大陸を制圧した共産主義政権は、土地を国有化した。アメリカに亡命した孫文の側近は、つぎのように述べている。「ヘンリー・ジョージとカール・マルクスのどちらが中国にとって望ましかったろう? 中国人の気質を考えれば、流血ではなく、土地課税によってこそ中国の問題は解決されたはずだ」

ヘンリー・ジョージは、「労働者と地主」という階級区分を考えたわけである。これに対してマルクスの階級区分は「労働者と資本家」だ。農民と地主から構成されて資本家がいなかった中国で必要とされたのは、中国人の気質を別としても、マルクスではなくジョージだったはずだ。歴史はそれを証明しつつある。

平均地権の考えは、土地政策の理念として、台湾に残った。この理念は中華民国憲法第143条に明文化されている。実際には、つぎのような制度が導入された。土地所有者は、所有地の地価を自己申告する。申告された地価に基づいて固定資産税（地価税）を課税する。他方で、政府は申告された地価によって土地を収用できるものとする。

これは、誠に巧みな制度である。低く申告すれば固定資産税は安くなるが、その価格で政府に買い上げられてしまう。だから、土地所有者は「正しい」地価を申告するはずだ。それにしたがった課税がなされれば、土地の利用がうながされる。ただし、現実には、この制度は必ずしも理念どおりに運用されていたわけではないようだ。1980年代後半における台湾の地価暴騰が、それを物語っている。

しかし、土地単一税の考えが理念として残っただけでも、台湾はましかもしれない。日本では、ヘンリー・ジョージの考えは、マルキシズムの陰に隠れて、殆ど注目されなかった。「革命だけが社会を変える」という考えのために、社会を漸進《ぜんしん》的に変えることができなかったのである。日本で「土地公有」という理念をうたう人は多い。しかし、そうした人々も固定資産税強化には反対する。声高にうたわれる理念が空虚であることを、これほど典型的に示すものはあるまい。

固定資産税の未来的な意味

ヘンリー・ジョージや孫文の土地課税論は、社会的公正という観点からのものであった。将来においては、これとはまったく別の理由によって、土地単一税の考えが復活せざるをえなくなる可能性がある。それは、IT（情報通信技術）の進展によって、民間経済活動の実態を政府が把握できなくなるおそれがあるからだ（本書の第7章を参照）。

財やサービスがネットで売買されるようになれば、それに消費税を課すことは難しくなる。だから、消費税を未来の基幹税と位置づけられるかどうかは、大いに疑問だ。政府は、将来の高齢化社会の基本的な税として消費税を考えているようだが、消費税率を引き上げようとしたら取引が捕捉できなくなっていたという事態は、十分考えられるのである。

問題は、消費税だけではない。ＩＴの進展は、直接税の徴税に対しても深刻な問題をもたらしうるのだ。

経済活動がネットで行なわれるようになると、課税当局が取引の実態を把握するのは難しくなる。電子マネーが広範に用いられるようになると、経済主体は、痕跡を残さず、完全な匿名性に守られて取引できるからである。

支払い者が海外にいる場合に、把握が困難となることは容易に想像できるだろう。例えば、日本人がアメリカの企業にソフトを販売して収入を得たとしても、それを課税当局が把握するのは難しい。電子マネーが使われるようになれば、国内の取引であっても同じことだ。

もしこうした事態が進行すると、現在の税制では税収が激減する。国家活動を支えることが不可能になることさえ考えられる。これは、きわめて根本的な問題なのである。また、在来タイプの支払い形態では課税されるので、新しいタイプの取引との間で、大きな不公平が発生する可能性もある。

こうした状態下で課税に問題が生じない唯一の税は、固定資産税である。なぜなら、土地は動くことができず、外形標準によって課税できるからだ。これまで、所得税や法人税など「所得」を対象とする税は、近代的な税と考えられてきた。しかし、ＩＴの進展は、この前提条件を大きく揺るがせる可能性をもっているのだ。

もっとも、この問題は、差し迫ったものではない。電子マネーの普及も、暫く前に予測されていたことに比べると、かなり遅れている。だから、半分はＳＦ的なものだ。しかし、税制の基幹を即座に変更することはできない。ネットワーク経済が進展してから税制改革を考えても、手遅れである。

それにもかかわらず、これに関する議論はまったく行なわれていない。税制調査会の議論においても、このような問題意識は皆無のようだ。将来の国家を真剣に考えるのなら、その根幹となる税制を時代に即したものとする必要がある。

まとめ

1．土地などの資産の譲渡益には所得税が課される。しかし、未実現のキャピタルゲインには課税されない。

2．未実現のキャピタルゲインが課税されないため、土地は有利な資産となる。固定資産税は未実現のキャピタルゲイン課税を代替するものとなりうるが、これまでの日本では実効税率が極めて低かった。日本の土地問題は、このような税制の歪みによって拡大された面が強い。

3．ヘンリー・ジョージは「土地単一税」を主張した。これは孫文の思想に大きな影響を与えた。外形標準で容易に課税できる固定資産税は、ネットワーク社会において新しい意義を持つ。

Chapter 5

第5章 損失が価値をもつ場合

損失は普通は望ましいものではないが、税においては損失が価値をもつ場合がある。とくに昨今のように資産価格が低下する場合には、それによって生じる損失を税制上どのように扱うかが重要な問題となる。なお、この章では銀行の不良債権処理と税の関係についても述べる。

1 重要になってきた損益通算

値下がり時には重要になる損益通算

これまでの日本の資産関連税制は、資産価格がいつまでも上昇し続けることを前提にして、「値上がり益をいかに課税するか」に重点を置いてきた。１９８０年代までは、課税する側にとっても課税される側にとっても、それが問題だった。

しかし、１９９０年代になって、状況が大きく変わった。地価は、91年以降、継続的に下落している。今後もこの傾向は続くだろう。株価は上昇した時期もあったが、長期的にみれば、90年以降下落基調にある。日本企業の収益低迷が今後も続けば、いかに株価てこ入れ策を弄したところで、長期的な下落は避けられないだろう。ゴルフ会員権も著しい値下がりを示している。

こうした状況を背景として、資産価格の下落に対する税制上の扱いに注目が集まっている。今後の資産関連税に対する要望は、税率の引き下げではなく、損失の税制上の扱いに移ってゆく可能性もある。

まず、現在の税制がどうなっているかを見ておこう。資産の譲渡益に課税がなされるのだから、対称的に考えれば、資産の譲渡損があった場合には、無条件に還付金があってしかるべきだともいえる。

しかし、現実の税制では、損失は一定の条件の下で他の所得と相殺《そうさい》することだけが認められている。この措置を「損益通算」と呼んでいる。これによって全体の課税所得が減るから、税負担を軽減できる。この扱いは、どこの国でも同様だ。これを逆にいえば、他に所得がなければ、譲渡損が発生しても、税制上なんら手当てがなされないことになる。

損益通算は、本来は総合課税される所得の中で行なうべきものだろう。不動産の譲渡所得は分離課税なので、他の所得と損益通算するのはおかしいように思える。しかし、どうした訳か、現実には認められている。

損益通算のためには、確定申告をする必要がある。事業所得などの場合には、確定申告で計算される全体の税額が少なくなる。給与所得の場合には、源泉徴収された税の還付を受けることになる。損益通算については、つぎに述べるように多くの条件が課されているので、注意する必要がある。

住宅などの譲渡損の通算

①別荘・骨董・貴金属など、生活に必要とは認められない資産の譲渡損は、譲渡所得の範囲内では通算できるが、他の所得との通算は認められない。
このルールからいうと、ゴルフ会員権は生活に必要とはとても考えられないので、その譲渡損

失を給与所得などから控除するのはおかしいように思われる。しかし、どういうわけか、⑥で見るように、現在の日本の税制では認められている。そして実際にかなりの数の申告があるようだ。

②子などに対して時価以下の低額で譲渡した場合には、赤字はなかったものとして扱う。したがって、損益通算は行なえない。また、時価と対価との差額に贈与税がかかる。

　これは、親族間の取引による租税回避を封じるための措置である。したがって、市場において第三者から財産を購入した場合は除く。

③減価を考慮する必要がある。例えば、住宅を売却した場合、単純に、譲渡価額から取得価額と譲渡費用等を引いた金額が「譲渡損」とされるわけではない。住宅は古くなっているわけだから、価値が減価している。その分を取得価額から差し引いて計算する必要がある。長期間住んでいた場合には、減価の結果、譲渡損にならないこともある。

④損益通算が認められる期間には限度がある。『「超」納税法』の第9章で述べたように、白色申告の個人の場合には、原則として損益通算は当年度にだけ認められる。つまり、損失がその年の所得を上回るために控除しきれない損失があっても、それを次年度以降に繰り越すことはできない（青色申告であれば、3年間可能）。

　ただし、例外がある。自宅の譲渡損については、次のような条件が満たされれば、譲渡した翌年以降3年間の給与所得等から繰越控除することができる。

《a》自宅の所有期間が、売却した年の1月1日において5年超。

《b》譲渡の前日において、その自宅取得に係る借入金残高がある。

《c》譲渡の前年、当年、翌年に借入金で自宅を買替える。

《d》買替えた住宅を、その年の12月31日まで自宅として使用。

買替えた住宅取得のための借入金があることが要件となっているので、買替えた自宅には、「住宅ローン控除」制度を使うことができる。ただし、損失が繰越控除されている年では所得が発生しないので、実際にはこの規定の適用はない。損失繰越控除が切れる年から、この規定の適用を受けて所得税の還付を受けることになる。

なお、この制度は、2003年12月31日までの時限措置になっている（延長される可能性はある）。

株式、ゴルフ会員権の損益通算

⑤株式の売却損は、他の所得との通算ができず、株式売却益との通算だけができる。しかも、源泉分離課税ではなく申告分離課税を選択していることが前提だ。したがって、株式の譲渡全体で譲渡損が発生しても、その損失は税法上「なかったもの」とみなされ、この損失を他の所得と相殺することはできない。
ただし、損失を通算できる期間は、長くなる。2001年の証券関連税制の改正によって、2003年以降に売却した譲渡損については、翌年以降3年間にわたり繰り越すことができるようになった。

注意すべきは、株式が上場廃止になったり、会社が倒産した場合だ。税法上、対価がゼロという譲渡は認められていないので、売却できなければ譲渡損は計上できず、他の株式譲渡益との損益通算も行なえない。したがって、上場廃止や倒産になりそうな会社の株式は、早めに売却するのがよいだろう。

この場合に注目されるのが、個人との相対《あいたい》取引だ。こうした売買でも、取引を証明する書類があれば、損失分は譲渡損として認められ、他の株式の譲渡益との通算ができる。証明書類としては、有価証券の売買契約書があればよい。

⑥ゴルフ会員権

ゴルフ会員権の譲渡損失が発生した場合には、他の所得との損益通算が可能だ。ただし、いくつかの点に注意する必要がある。

第1に、認められるのは、ゴルフ会員権を売った場合の譲渡損失だ。ゴルフ場が倒産した場合には、譲渡したわけではないので、譲渡損失にはならない。法人が所有している場合には損失計上が可能だが、個人の場合には、他の所得との損益通算はできない。株式の場合と同じことで、倒産しそうな場合には、たとえ安くても早く売却して損益通算したほうがよいだろう。

第2に、プレーできなくなったゴルフ場の場合には、会員権としての資産価値がなくなっているため、会員権を買取業者などに引取ってもらって形式上譲渡損失を計上しても、税務上認められないだろう。

第3に、名義変更だけの譲渡で実体がない場合には、譲渡損が否認されることがある。とくに、いったん譲渡したものを再び買い戻し、しかも名義書換料も支出していないような場合には、否認されると考えておいた方がよい。

すでに述べたように、ゴルフ会員権は生活には必要のない資産である。したがって、別荘などについて損益通算を認めないのであれば、ゴルフ会員権についても認めるべきではあるまい。国税庁は、そのような意向をもっているようだ。政治的な圧力があるため、現在までのところ措置は継続されているが、撤廃が再び論議されることはありうる。

しかも、譲渡を装った脱税行為も横行しているようだ。このため、ゴルフ会員権の譲渡について、税務署は特別に厳しくチェックしているようである。名義書換えの事実だけでなく、預託金証書、印鑑証明、年会費払込証書、年会費の清算などが詳細に調査されるといわれている。

2 バブルの後始末のための損益通算

バブル崩壊で発生した不良債権

1980年代の資産価格バブルは、その後の日本経済に深い爪あとを残した。早く買わねば持家に手が届かなくなると考え、多額の住宅ローンを負って遠隔地の不便な場所に住宅を高値で購入した人々や、相続税対策として、巨額の借金をしてビルや貸しマンションを建てた人々が続出した。

これまで何度も述べてきたように、戦後の日本においては、借金をして不動産を購入することが資産運営の基本であった。というより、これだけが資産運営の指針であった。リスクも収益性も、何も考慮する必要はなかったのである。不動産価格は上がり続けるし、固定資産税も低い。しかも、相続財産としての評価も低くなる。だから、この指針は当然のものであった。バブル期においては、それが極端な形に増幅された。急激に値上がりする不動産価格を見て、人々はパニックになって不動産購入に殺到したのである。

それが、いまでは値下がりしてしまった。しかも、サラリーマンでは昇給がカットされて住宅ローンの支払いが重荷になる人が増えてきた。相続税対策として建てたつもりのマンションやビルからは思いどおりの賃貸料が入らず、銀行借入れの返済ができなくなった。

こうした問題に直面する人々は、ある意味では時代の犠牲であり、同情の余地がある。しかし、濡れ手で粟の投機的利益を求めて不動産購入に走った企業や個人も多い。給与所得者でも、ワンルームマンションなどに投資をすると、減価償却と金利の赤字で節税になる。他方で、値上がりした財産は残る。こうした期待で過大な投機が発生した。

しかし、バブル期に購入した資産は、値上がりどころか値下がりしてしまった。不動産だけではない。株式、ゴルフ会員権、絵画等々、まさに死屍《しし》累々《るいるい》のありさまだ。

このような「不良資産」が大量に残存している。バブルとバブル崩壊がもたらしたのは、金融機関の不良債権問題だけではない。多くの企業や個人に、「不良資産問題」を残したのである。

金融機関の貸付債権の多くは、形式上は金融機関のバランスシートから切り離され、受け皿会社や受け皿機関に移し替えられた。しかし、その担保である不動産は、マーケットから隔離されて残っているものが多い。これも「不良資産問題」であり、その本当の処理はこれからのことだ。

こうして、損益通算制度が重要な意味をもつことになる。現在の日本における損益通算は、平時における一般的な制度としてよりは、「バブルの後始末」という特殊な性格が強いのである。

現実の損益通算は奇妙な扱い

それを反映してであろうが、現在の制度には、奇妙なところが多い。損益通算は、もともと技術的な性格が強いし、損失を抱えていない人の興味は引かないテーマだ。だから、一般に注目されることはあまりない。しかも、通算可能性の拡大は減税なので、反対も起こらない。

他方で、破産寸前にある企業や個人にとっては、切実な問題である。他の所得と相殺できれば、節税利益によって不良資産に伴う借入れを返済できる場合も多い。したがって、非常に強い個別的な要求が生じる。まさに生死をかけた要求だ。しかし、そうした個別要求にいちいち政治的に対応すれば、税制はゆがんでしまうだろう。

「不良資産処理」は、まだ始まったばかりだから、損益通算要求は、これから増えてくるだろう。したがって、この問題について、現時点できちんと考えておく必要がある。

本章の1で述べたように、損益通算が認められるには、「当該資産が生活に必要」という条件が課されている。「投機のために買った資産の始末の面倒はみない」という論理は、確かに一般受けするものではある。しかし、税制の論理からいえば、これは奇妙なルールだ。「全体の所得を圧縮するために人為的に作り出した損失について損益通算を認めない」というなら分かるが、「生活に必要か否か」が損益通算を判断する根拠になるのはおかしい。

しかも、この区別は容易でない。「絵画や別荘はだめだが、ゴルフ会員権ならよい」というのは、いかにも納得できない。絵画や別荘の所有者が少ない半面で、ゴルフ会員権の所有者は多く、しかも、政治的影響力を持つ人が多いからだろうか。

あるいは、投機目的で買ったワンルームマンションの譲渡損は、他の所得との通算が認められる。しかし、これが「生活に必要なもの」とは、到底いえないだろう。

総合課税と分離課税の区別も無視されている。すでに述べたように、不動産の譲渡益は、他の所得と切り離されて分離課税されている。不動産の譲渡益は通常かなりの金額になるので、仮に総合課税すると、他の所得に対する税率も高くなる。これを避けるための措置が分離課税だ。

譲渡益がプラスになった場合に他の所得の税負担に影響を与えないように措置するという論理を貫けば、対称的に考えて、譲渡益がマイナスになった場合にも、他の所得の税負担に影響を与えるべきでない。つまり、不動産については、他の不動産譲渡益と相殺することを除けば、譲渡損の損益通算を認めるべきではないのである。

また、法人か個人かで損失となしうる可能性が異なること、繰越可能年数に青色申告か否かで差があるのも納得しがたい。青色申告は、帳簿を整備することによって所得計算を透明化するための措置だから、それが損失繰越年数に差をもたらす要因になるとは思えない。

自宅譲渡損の不思議な繰越条件

「白色申告では繰越不可」という原則は、自宅の売却損については例外措置が設けられている。1で述べたように、サラリーマンなどの白色申告者でも、自宅の譲渡損を繰り越すことができる。バブル期に購入した住宅を現時点で売却すると、損失がサラリーマンの年間給与所得を超えるケースは、決して稀ではない。だから、サラリーマンにとって、この措置が重要な意味をもつことは間違いない。この点では、サラリーマンの不利が是正されている（もっとも、青色なら住民税についても繰越が認められるが、この措置による繰越は、所得税だけについてのものであり、住民税には及ばない)。

しかし、この措置をよく眺めてみると、不思議な点がある。1で述べたように、いくつかの条件が付されているのである。誰でも首をひねるのは、「ローンで買替える」という条件であろう。なぜ買替えが必要なのだろうか？　貸家に住み替えるのでは、なぜいけないのか？　なぜローンが必要条件なのか？

買替えた住宅が今後値上がりする保証はない。冷静に考えれば、新しく買った住宅も今後値下がりしてしまう可能性が高い。そうであれば、過去におかした失敗をもう一度繰り返せといっているに等しい。

元の住宅を売却し、その損失で所得税を軽減されたとしても、それだけでローンが完済できるとは限るまい。前のローンがまだ残っているのに、さらに新しいローンを抱えよというのは、不可思議な要求だ。また、仮に売却代金が十分残った場合であれば、新たなローンなしで購入できる範囲の住宅に住み替えることを認めてもよいのではないだろうか。もっといえば、こうした場合には借家に住み替えることを認めるべきであろう。

前にも述べたように、これまで人々が持家に固執してきた大きな原因は、それが資産として意味があるからだ。「住む」というだけのことを考えれば、家族構成や仕事の変化に柔軟に対応できる借家のほうが合理的な場合が多い。いまこそ、これまでは地価高騰のために進められなかった貸家政策を進めるべきときだ。

現在の自宅譲渡損繰越措置は、住宅ローン地獄に苦しむサラリーマンのための措置ではなく、住宅の新築を促進させるための措置であるとしか考えられないのである。

3 銀行の不良債権処理と税の扱い

不良債権処理は有税か無税か

現下の経済問題の中心とされている銀行の不良債権処理でも、損失の税務上の扱いが焦点になっている。損失と認められる額が増えれば、納めるべき法人税が少なくなるからだ（なお、以下では貸手として銀行を想定するが、この議論は、銀行以外の貸手についても当てはまる）。

貸付け先企業が倒産して貸付金を回収できなくなれば、その分は、当然損失となる。だから、銀行の所得はそれだけ減り、納めるべき法人税も減る。しかし、不良債権は倒産していない相手に対する貸付けだから、それを処理しても、直ちには損失にはならない。回収できなくなる場合に備えて引当金を積むのだが、その全額が損金と認められるわけではないのである。

一般に、税法の限度額を超えて償却費を計上することを「有税償却」という。超える部分の償却費は法人税の課税対象となることから、こう呼ばれている。貸付金についても、税法の損金算入の条件を満たさない貸倒れ引当金の計上を「有税償却」といっている。これに対して、損金と認められる場合には、「無税償却」といわれる。

しかし、「有税償却」というのは、二重の意味で誤解を招く表現だ。第1に、引当てを行なった場合に、行なわない場合に比べて法人税の額が増えるわけではない。「損金と認められれば税額が減るが、そうならない」ということに過ぎない。「追加的に税金を納める」という誤解があるとすれば、問題だ。

第2に、有税償却か無税償却かは、税の支払い時点の差しかもたらさない。もし相手が倒産すれば損金となるから、その年度の税額が減る。つまり、有税償却とは、税金の先払いに過ぎない。税の支払い時が遅いほど有利なのは事実だが、それは基本的には利子分の差だ。現在のように利子率が低いと、あまり大きなものではない。

そうはいっても、不良債権処理を促進するため、回収がほぼ不可能な貸付金に関しては、償却を損失と認めるべきだとの考えもあるだろう（これまでの日本でも、一定の条件下で個別貸付金の処理について損金処理が認められていたが、その認定はきわめて制限的であった）。

金融庁は、不良債権処理のために計上した引当金の全額を損金算入できるよう、「無税償却」の拡大を求めている。また、欠損金を翌年度以降の利益と相殺できる期間を、現行の5年から10年に延長することも要望している。

さらに、銀行が赤字決算となった場合に、過去に納めた法人税を払い戻す「欠損金の繰戻し還付」の対象期間を、15年間とすることも求めている（現行の欠損金繰戻し制度は、対象期間が1年とされているが、92年度から原則的に適用が停止されている）。

税効果会計とは

諸外国と比較した場合に、無税償却に関する日本の制度が制限的であることは事実だ。したがって、この拡大要望は、検討の余地があるかもしれない。

ただし、認めるのであれば、一般的に認めるべきだ。銀行だけを特別扱いする理由はない。これは、とりわけ欠損金の繰戻しについていえる。もし銀行だけに認めるなら、公的資金投入よりさらに手厚い銀行優遇策になる。公的資金は回収を前提にしているが、欠損金の繰戻し還付は渡切りのものだからである。また、引当金の損金算入を安易に認めると、利益操作に使われてしまう。利益が多額になった年に多額の引き当てを行なえば、課税所得を圧縮できるからである。

ところで、最近、「税効果会計」という言葉をよく見かける。「総合デフレ対策」で、この扱いが焦点になったためだ。これも、損失の税務上の扱いに関連している。ただし、かなり技術的な内容だ。

「税効果会計」とは、決算書に計上する税金の額を、実際の納税額ではなく、「本来支払うべき額」を基準として計上する方法である。実際の納税額が本来負担すべき税額より多い場合には、差額を「繰延税金資産」として貸借対照表に計上する。

やや複雑なので、数値例を用いて説明しよう。２００１年と02年の税引き前利益が２０００である銀行を考える。01年には、税法上の貸倒れ条件を満たさない貸付金４００を償却したものとする。そして、02年に相手が倒産したものとしよう。便宜上、法人税率を50％とする。

税効果会計を導入しない場合の処理は、つぎのようになる。01年に行なった貸付金の償却は、税務上は損金とは認められないので、法人税は、（２０００＋４００）×50％＝１２００となる（つまり、この年には償却前の利益が２４００あり、そのうち４００を償却にあてた結果、税引き前の利益が２０００になったわけだ）。仮にこの償却が損金と認められるなら、法人税は、２０００×50％＝１０００なので、税負担は２００だけ余分ということになる。これを、「４００の不良債権を有税償却した」といっているのである。

02年には税務上の貸倒れ要件を満たしたので、税額は（２０００−４００）×50％＝８００となる。つまり、前期に支払った法人税のうち２００が還付されたのと同じことになる。

これに対して、税効果会計を導入した場合の処理は、つぎのようになる。01年に実際に支払っている税金は１２００だが、これをつぎのように処理する。つまり、税金は１０００だけ支払い、これと別に２００の価値がある「資産」を購入したと考えるのである。税を２００だけ先払いしており、将来これが戻ってくる可能性があるのだから、「資産を買ったのと同じことだ」と考えるのである。この「資産」が「繰延べ税金資産」だ。したがって、貸借対照表の借方に「繰延べ税金資産」２００を計上する。そして、貸方にはこれとバランスをとるために「法人税等調整額」２００を計上する。

02年には実際には税金は８００しか支払っていないが、これをつぎのように処理する。つまり、税金は１０００だけ支払い、01年に購入した「資産」を売却して収入が２００だけあったと考えるのである。この操作の結果、01年に計上した「繰延べ税金資産」と「法人税等調整額」は消えることになる。

実際に支払った税は、１２００と８００なのだが、以上の操作により、両年とも１０００だけ支払ったことになる。そして、両年とも税引き後の利益は１０００となる。

税効果会計は、株式公開会社に対して、１９９９年4月1日以後開始する事業年度から強制的に適用された。銀行はそれより一年早く、99年3月期から導入が認められた。対象となる税は、法人税の他、住民税（市町村民税・道府県民税）および事業税である。

税効果会計の導入によって、税負担増による当該期の収益悪化が障害とならず、有税償却が行ないやすくなるといわれる。ただし、すでに述べたように、有税償却を行なっても追加的な税負担が発生するわけではない。これは、「見かけ」の問題だ。ただし、以下に述べるように銀行は自己資本比率の規制を受けているため、「見かけ」が重要になる。税効果会計は銀行の救済措置として導入されたといわれることもある。

税効果会計をめぐる騒動

２００３年の総合デフレ対策の策定過程で税効果会計の見直しが議論され、株価が急落するなどの騒動が発生した。この背景を説明しよう。

銀行は、自己資本比率（資本金や剰余金などの自己資本の、貸出債権や株式などの資産に対する比率）を一定以上にすることが求められている。国際業務も行なう銀行は、８％以上とされている。大手行はいずれもこの水準をクリアしている。しかし、繰延べ税金資産が資産として計上されているので、資本が水増しされていることになる。

その額は驚くべきものだ。日本銀行によると、全国銀行の繰延べ税金資産は、２００２年３月末において、前年より３兆４２００億円増の10兆６６００億円であり、中核的自己資本の37・５％を占める。大手銀行では47・２％に達している。これを除くと、自己資本比率は８％を下回ってしまうと見られる。

デフレ対策の原案では、繰延べ税金資産を中核的自己資本の10％までに制限するという方針が示されていた。しかし、与党や銀行界の強い反発で、導入時期や具体的なルールを明記せず、「速やかに検討する」との表現になった。

繰延べ税金資産が実際に資産としての意味を持つには、欠損金の繰越し可能期間内に十分な額の課税所得が発生することが必要だ。もし将来、利益が出なければ、税務上のメリットは発生しない。

この点を考慮して実態を正しく示すのは、もちろん必要なことだ。しかし、これは所詮、財務内容の表示法の問題に過ぎない。不良債権処理の実体に関わるものでないことに注意する必要があるだろう。

まとめ

1．資産価格が下落したため、「損益通算措置」の重要性が増した。
2．実際の損益通算措置には、合理的でない側面がある。
3．銀行の不良債権処理においても、損失の扱い（「税効果会計」）が問題となる。

Chapter 6

第6章 企業の活性化と税制

この章では、企業の再編に関連する税の問題を論じる。これは、企業を分割したり合併したりする場合に、それまでの含み損などを税制上いかに扱うかという問題だ。

この問題は、若干専門的で技術的な内容を含んでいる。しかし、この分野ではここ数年に大きな制度改革が行なわれた。そして、それは日本企業の活性化に関して重要な意味をもっている。したがって、専門家でなくとも、ある程度の知識をもっていることが必要だろう。

1 企業再編税制

移転資産の課税繰り延べ措置

企業の再編が活発化してきたため、税制の対応も必要となった。2001年度の税制改正では、企業再編税制の大幅な改正が行なわれた。この中心となるのは、企業再編によって移転する資産の譲渡損益を法人税法上いかに扱うかだ。

この改正により、法人が所有する資産を他の法人に移転する場合、税務上は原則として時価による取引がなされたものとみなされ、資産の譲渡損益を計上することとなった。

しかし、この原則をすべての場合にあてはめると、古くから土地などを所有している企業の場合には、含み益が顕在化して、あらたに課税が発生してしまうため、再編の障害になる。資産を移転する前後で経済実体に実質的な変更がない場合には、課税を行なわないことが適当と考えられる。

そこで、一定の要件を満たす組織再編成の場合には、特例として、移転資産を税務上の簿価で引き継ぐこととした。こうすれば、譲渡損益や、それに対する課税は生じない。なお、将来時点において他に売却すれば、その時点で譲渡損益が発生する。つまり、これは「課税の繰延べ措置」である。

繰延べが認められるのは、その資産に対する実質的な支配が継続されていると認められる場合である。具体的には、《a》企業グループ内（持ち株比率50％超）で組織再編成を行なう場合、あるいは、《b》共同事業を行なうために組織再編成を行なう場合（事業が相互に関連していること、規模が著しく異ならないことなどが条件）である。

さらに、移転資産の対価として、株式以外の資産、金銭等が交付されないなどの要件を満たすことも必要である。こうした条件を満たすものを、「適格組織再編成」という。

以上の措置によって、新たな課税が発生することなく、企業再編が行なえるようになった。例えば、不採算部門がある場合、この部門を旧会社に残し、高収益部門だけを分割して新会社を設立する。その後に不採算部門が残る旧会社を清算すれば、会社は強い企業である新会社に変身できることになる。

逆にいうと、将来のM＆Aに備えて資産の簿価引き上げを目当てに企業再編成をしても、「適格組織再編成」に該当するなら、簿価引き上げはできないわけだ。

これに対して、営業譲渡や買収など、企業組織の再編成が目的ではない場合の資産の移転に対しては、原則どおり時価譲渡となる。したがって、譲渡益があれば課税されることになる。

含み損や繰越欠損金の活用

企業再編の本来の目的は、右で述べたように、企業を強くすることだ。しかし、この制度を含み損の実現化のために使うこともできる。

会社が含み損をもっている場合、資産を売却すれば含み損が実現するため、法人税を減少できる。しかし、そうしたことができない場合もある。

《1》第1は、含み損を抱えているのが、会社の一部門の事業に必要な土地などで、事業を継続するために売却ができない場合だ。

こうした場合に含み損を実現化するには、含み損を抱えている部門を切り離して独立させればよい。この分離を「非適格」にすれば、旧会社に損が発生することになる。

例えば、ある会社にA部門とB部門があるとし、B部門が所有する土地は、簿価が3000だが、時価は2000に低下しているものとしよう。つまり、含み損を抱えているわけだ。そこで、B部門を切り離して別会社にする。

ただし、適格分割だと簿価を引き継ぐことになるので、非適格分割にする。このためには、分割交付金を交付することとすればよい（適格とされるには、株式以外の資産が交付されないことが必要なので、交付金が交付されれば非適格になる）。

非適格再編の場合には、移転資産の譲渡損益を認識する。つまり、B部門を独立させた新会社は土地を時価2000で引き継ぐこととなるし、A部門を引き継いだ会社は、土地を時価で売ったのと同じことになる。そこで、含み損1000が実現して、法人税を減少できる。このようにして、企業が抱えている含み損が利用できることになる。

《2》第2は、売却は可能なのだが、会社の利益が十分でなく、含み損を実現しても相殺できない場合だ。この場合の方策は、利益を出している会社と合併することだ。この合併を「適格」にすれば、土地は簿価3000のままで新会社に引き継がれる。

ただし、含み損の利用にはいくつかの制限が課せられている。再編後に資産を譲渡したことによって実現した含み損については、その損金算入が規制されている。これは、租税回避を防止するための措置である。

しかし、適格組織再編後3年を経過するか、グループ化から5年を経過した後に実現した含み損は、損金算入ができる。したがって、一定の期間が経過すれば、譲渡損を収益と相殺できるわけだ。なお、租税回避のみを目的とした企業再編と認められると、否認されることもある。

再編税制では、繰越欠損金に関する扱いも改正された。従来、被合併会社が繰越欠損金を有する場合、合併の際に切り捨てられ、合併会社への引継ぎは認められていなかった。

しかし、企業の再編を促進するため、適格合併の場合には、一定の条件を満たせば、繰越欠損金の引継ぎが認められることになった。例えば、繰越欠損金を有する赤字子会社がある場合、その子会社を吸収合併すれば、利益を出している親会社の法人税を減少させることが可能である。

ただし、被合併法人との間でグループ化（50％超の持ち株関係）を行なったのが、合併前5年以内である場合には、グループ化前に発生した欠損金などは引き継げないこととされている。これも租税回避防止のための措置である。

相続や相続税対策になるか？

以上で述べた企業再編税制は、中小企業や同族会社が利用することも可能である。実際、企業再編税制に対する中小同族企業のオーナーの主たる関心は、「相続対策」にあるといわれる。

まず、「相続をめぐる争いの対策」にはなる。例えば、兄弟が会社の後継者になることで争いをしている場合、分割前後で、持株割合が変動しないようにA社とB社に分割する。

例えば、被相続人（親）が60％、兄が20％、弟が20％の株式を保有している場合、A社とB社とも、親60％、兄20％、弟20％で保有することとすれば、適格なので課税は発生しない。その後に、兄弟間で相手の会社の株式を譲渡しあえば、A社とB社は完全に分離することになる（ただし、この場合、会社分割後の株式譲渡に対しては、譲渡益課税が発生する）。

では、相続税に対する対策になるだろうか。一見すると、適格分割をすれば、企業再編時に課税を受けずに資産を移転できるので、相続税対策になるように見える。例えば、被相続人（親）が70％、相続人（子）が30％株式を保有しているA会社を、A社とB社に分割したとしよう。このような企業再編は、被相続人がA社の株式を70％保有していることから、「グループ内企業再編」（一人の株主の持分割合が50％を超える場合における企業再編）になり、しかも株式を按分で配分しているので、「適格企業再編」となり、資産移転時の課税の繰延べが認められる。

しかし、被相続人と相続人は、依然としてA社とB社それぞれの株式を再編前の持分ずつ保有することになる。つまり、親がA社とB社の株の70%、子が30%を所有するわけだ。このため、被相続人の持分は相続人に移転しない。つまり、相続税対策としてのメリットはない。

前後で持株割合が変動する分割を行なえば、相続財産を移転することはできるだろう。しかしこのような分割は、適格企業再編と認められず、譲渡益の繰延べは認められない。したがって、譲渡益課税がなされることになる。相続税とどちらが有利かを検討することが必要だ。

2 連結納税制度

連結納税で容易になる企業再編

これまでの日本の税制では、複数の企業がグループを形成していても、個別企業ごとに独立に法人税を課すことになっていた。しかし、２００２年度からは、企業グループをあたかも１つの法人であるかのように捉え、グループ内企業の所得を合算したうえで納税できる仕組みが導入された。これは、「連結納税制度」と呼ばれる。米国やフランスなど海外の主要国では、すでに導入されていたものだ。

連結納税制度の対象となるのは、親会社とその１００％子会社に限られる。この場合は、連結納税か単体納税かを選択することができる。ただし、いったん連結納税方式を選択すれば、原則的にはそれを継続することとされている。

この制度が導入された背景には、やはり企業の再編問題がある。多角的な事業を行なっている企業の場合、事業ごとに別会社にすれば、各事業の採算が明確になり、経営効率を高められるケースが多い。こうした再編を容易にするため、純粋持ち株会社の設立を認めたり、会社分割を容易にする環境を整備するなどの施策が進められてきた。しかし、企業ごとに課税する従来の仕組みでは、赤字事業を別会社にすると、残った会社の黒字が大きくなってしまうため、グループ全体としての法人税が増えてしまう。

連結納税制度を利用すれば、こうした問題が生じない。これを通じて、企業グループの事業再構築が進むことが期待される。また、グループ内に黒字会社と赤字会社がある場合には、損益を合算することにより、グループ全体としての法人税を少なくすることができる。

しかし、財務省は、損益通算による法人税の減少を補塡《ほてん》するため、当面2年間は、連結付加税として法人税率を2％上乗せすることとした。したがって、赤字会社がグループ内にない場合には、この制度を利用すると税負担がかえって重くなってしまう。このため、採用に慎重な姿勢をとる企業が多いようだ。連結付加税については批判が多く、早期廃止を求める声が強い。

連結開始時の扱い

連結納税は企業再編に寄与するが、半面において、その利用を無制限に認めると、租税回避行動が発生する危険がある。そこで、それを防止するための措置がいくつか講じられている。やや技術的な問題になるが、実際には重要なことなので、以下に簡単に説明しよう。

まず、連結開始時またはグループ加入時の問題がある。これはさらに、欠損金繰越の問題と、資産評価の問題に分けられる。これは、すでに企業再編税制で論じたものと類似の問題だ。

《1》第1に、欠損金の繰越について見よう。すでに述べたように、青色法人の場合、欠損金について5年間の繰越が認められている。

連結納税制度においても、連結欠損金額の5年間にわたる繰越が認められる。ただし、認められるのは、個別企業の欠損金ではなく、グループ全体の連結欠損金である。

まず、連結納税制度を採用する際に、個別欠損金を抱える会社がグループ内にある場合、この欠損金を連結納税において引継げるかどうかが問題になる。このような個別欠損金は、親会社のものは引継ぐが、連結子会社のものは引継がないこととされた。

これは、過去に単体で行なっていた事業活動から生じた欠損金を、連結グループ内の他の企業の事業の所得から控除することは適切ではないと考えられたからだ。経済的に一体ではなかった過去の時点の欠損金を合算することは、租税回避行為だというわけである。

すでに連結納税がなされている場合に、グループに新たな子会社が加わり、その子会社が個別欠損金を抱えている場合にはどうか？　この場合にも、欠損金の引継ぎを認めないこととされた。これも、租税回避につながるとの理由による。

この章の1で述べたように、適格合併の場合には、一定の条件を満たせば、繰越欠損金の引継ぎが認められる。つまり、繰越欠損金を有する赤字子会社がある場合、その子会社を吸収合併すれば、利益を出している親会社の法人税を減少させることが可能なわけである。連結納税の扱いは、これとは異なるものだ。

《2》第2に、資産評価について見よう。新たに連結納税制度を採用する場合や、子会社が連結グループに加入する際に、資産を時価と簿価のいずれで評価すべきか。

含み損を抱えた資産を保有する子会社がある場合、これを連結グループに取込み、連結グループ加入後に資産を売却すれば、グループの課税所得を圧縮することができる。こうした行為も租税回避であるとみなされる。これを防止するため、グループに加入する直前の事業年度において、連結子法人となる法人の資産を時価評価し、ここで生じた評価損益を単体納税の下で損金または益金に算入することとされた。つまり、連結グループへの取込みは、評価損益処理後の時価によって行なうわけである。

この対象となるのは、含み損益が資本の2分の1、または1000万円以上の固定資産、土地等、金銭債権、有価証券または繰延資産である。

1で述べたように、適格組織再編成の場合には、移転資産を簿価で引き継ぐことが認められる。したがって、課税の繰延べが認められる（つまり、譲渡益に対する課税は生じない）わけだ。ここでも、連結納税の扱いは異なる。

グループ内の資産移転の扱い

つぎは、グループ内の資産移転に係る課税の問題である。これには、譲渡損益の認識時点の問題と、グループ内移転価格の問題がある。

《1》第1に、譲渡損益の実現を認識する時点をいつとするか？　これに関しては、連結グループを一体として捉え、グループ外部への資産の移転時を譲渡損益の実現の時点とした。連結納税制度はグループを1納税単位として課税するものであるから、グループ内取引によっては損益が実現しないと考えるわけである。

例えば、親会社が簿価50の資産を連結グループ内の子会社に90で譲渡したとする。親会社には40の譲渡益が生じるが、この譲渡益は連結所得には含まれずに繰延べられる。その翌年に子会社がこの資産を連結グループ外の会社に１００で譲渡したとしよう。ここで譲渡益が実現したと考えられることとなり、親会社の未実現だった譲渡益40と、子会社の譲渡益10の合計50が連結所得に含まれ、課税がなされることになる。

《2》第2の問題は、グループ内における移転価格だ。一般に、市場価格より低い価格で譲渡した場合、時価との差額は寄付金とされる。この一部は、損金として処理できる。これまでの扱いでは、グループ内の寄付であっても、一定範囲までは損金算入できることとされていた。

しかし、グループ内はいわば身内であるから、寄付金の支出を行なっても、全体としては帳消しになり、グループとして損失が発生するわけではない。したがって、外部に対する寄付金に比べて容易に行ないうるわけである。そこで、親会社が資産などを時価より安い価格で子会社に売るといった取引がよく行なわれている。このようなグループ内寄付金の損金算入を認めると、租税回避が可能になる。

例えば、親会社が時価１２０の資産を子会社に１００で譲渡すると、親会社から子会社に20の寄付金支出があったことになり、子会社では受贈益20が発生する。しかし、仮に子会社に欠損金が20あったとすると、これで受贈益が相殺される。他方で、親会社では損金が発生する。こうして、課税所得が圧縮されてしまうことになる。

こうした租税回避を防止するため、連結グループ内部での取引は時価で行なうこととされ、また、時価より安く売った場合の差額は損金に算入できないこととされた。

3 経済活性化の鍵を握るのは、どの税制か

企業再編による経済活性化

日本経済の活性化は、企業を活性化できるかどうかにかかっている。その際に、会社の再編は、たいへん重要な手段の1つである。

日本の企業では、経営者はだめでも、優秀な人材は大勢いる場合が多い。こうした企業なら、不採算部門の切り離しなどによってビジネスモデルの再構築をはかり、再建できるだろう。これは、米国で80年代以来行なわれてきたことだ。日本でもここ数年間に、さまざまな法制度の整備が行なわれてきた。

第1は、純粋持株会社の解禁である。持株会社とは、「株式を所有することにより、国内の会社の事業活動を支配することを主たる事業とする会社」である。財閥復活を阻止するため、終戦後の経済民主化政策の一環として、独占禁止法第9条で禁止された。自らも事業を行ないながら子会社を傘下に持つ事業持株会社は認められていたが、自らは事業を行なわない「純粋持株会社」は認められていなかったのである。

これが、1997年の「独占禁止法の一部を改正する法律」によって解禁になった。従来の事

業持株会社では親会社の事業の観点が優先されがちだったが、純粋持株会社を用いれば、グループ全体の経営資源を、グループ全体の利益のために再配分できるようになるといわれる。

銀行業界は4大金融グループに再編されたが、このうち「みずほフィナンシャルグループ」、「UFJホールディングス」、「三菱東京フィナンシャルグループ」は、この手法により統合された（なお、さくら銀行と住友銀行は合併という形式をとって三井住友銀行となった）。

NTTは、NTT東日本、NTT西日本、NTTコミュニケーションズ（長距離国際通信）の3子会社に再編された。純粋持株会社のNTTは、電話事業は行なわず、グループ本社企業に特化している。

JAL（日本航空）とJAS（日本エアシステム）も、共同の親会社である持株会社、日本航空システムを設立し、2002年10月にJALグループとしてスタートした。

グループが行なう事業の選択、集中および排除のためには、グループ内の会社再編が必要になる。この支援を目的として、商法の改正がつぎつぎに行なわれた。具体的には、つぎのとおり。

①1997年——合併制度の合理化、簡素化。

②1999年——株式交換・株式移転制度の導入。これは、完全親会社、完全子会社関係を円滑に創設するためのものである。

③2001年——会社分割制度の創設。これは、会社が営業の全部または一部を他の会社に継承させるためのものである。1個の会社が、法定の分割手続きにより2個以上の会社となる。新しく設立する会社に営業を承継させる「新設分割」と、既存の他の会社に営業を承継させる「吸収

分割」がある。また、設立された会社の株式を分割する会社が保有する「分社型」（「物的分割」）と、分割会社の株主に配分する「分割型」（「人的分割」）がある。

企業再編と税制：再論

企業の再編にあたっては、税制も重要な意味をもつ。税が企業再編の障害となってはならないし、税のために再編の方向付けが歪むようなことがあってもならない。

具体的に問題となるのは、これまで述べてきたように、《1》企業が保有している資産の含み益または含み損の処理、《2》繰越欠損金の活用可能性、《3》損益通算の可能性、といった問題である。

企業の側からみれば、再編によって含み益が実現化し、それに対する課税が発生するのは避けたい。逆に、含み損や繰越欠損金は活用して、法人税を減らしたい。また、経常的な損失を他の収益と通算したい、という要請がある。

このための措置として、この章の1や2で述べた再編税制や連結納税が導入されたわけだ。また、繰越欠損金をどう扱うかという問題についても、議論がなされている。

これらに関する具体的な内容は、これまで述べたように、かなり複雑である（しかも、そこでは制度の概要について述べたにすぎない。実際の制度はもっと複雑だ）。複雑になってしまう理由は、いくつかある。

第1の理由は、一方で企業再編を促進し、他方で現行の税制との整合性をとる必要があるためだ。従来の原則でいえば、含み益を持つ資産が別の会社に移転されれば譲渡益が発生する。しかし、それでは再編が阻害されるため、簿価の引継ぎを特例として認めた。これは特例なので、要件（適格組織再編成）をこと細かく決めなければならなくなる。

第2の理由は、節税目的に利用されないようにするためだ。それを防ごうとすると、どうしても複雑なものになってしまう。例えば、簿価の引継ぎを無制限に認めると、相続税の回避が可能になってしまう。これを防ぐために、按分型新設分割条件などを入れる必要が出てくる。

同一の問題に対して、企業再編税制と連結納税で異なる扱いがなされる場合もある。例えば、適格組織再編成なら繰越欠損金の持込みが認められるが、連結では認められない。場合によっては、それが制約になる。だから再編の方法が影響される。こうして、「税によって経済活動が影響されてはならない」という税の「中立性原則」が侵されてしまうわけだ。

特例が複雑でしかも非中立的なものとなるのは、法人税の基本構造からもたらされるものだ。その意味で、現行税制の宿命ともいえる。

問題はそれだけではない。こうした複雑な制度のもとで、どのような企業再編が税制上有利になるかは、含み損や含み益、あるいは繰越欠損金がどれだけあるかなどの個別事情で大きく異なる。租税回避行為を防ぐ措置はなされているとはいえ、隙間が発見できるかもしれない。

税制が複雑化すると、税の専門家の役割が大きくなる。しかし、それは望ましいこととはいえない。かつて、「ハーバードの優秀な学生はロースクールに進学し、そのうちで優秀な学生が税を専攻する」といわれた。税の専門家は複雑極まりない税制に隙間を見出し、企業に莫大な利益をもたらす。しかし、それは、社会全体から見れば所得の移転にすぎず、経済全体の生産性を上げるわけではないのだ。

経済活性化に重要なのは法人税率ではない

ところで、この章でこれまで述べてきたのは、制度そのものの説明が目的ではない。問題の所在を明らかにするのが目的だ。

「税制が日本経済活性化の鍵をにぎる」といわれる。そのとおりだ。問題は、「どの税制か？」である。

通常いわれるのは、法人税率の引き下げである。経済財政諮問会議においても、そうした議論が行なわれてきた。日本の法人税率が高いから企業の海外移転が加速し、産業の空洞化が進むというのが、その理由だ（なお、2002年10月17日にとりまとめられた「税制改革の全体像」では、法人税率の取扱いについては「引き続き検討」とされた）。経済界からの法人税率引下げ要求も、同じ理由による。

しかし、法人税率の高さが空洞化の原因なのかどうかは、大変疑問である。実際には、賃金格差などのほうが遥かに大きな影響をもたらすだろう。少なくとも、法人税率を5％程度引き下げたところで、日本の産業空洞化がおさまるとは思えない。

しかも、利益を最終的に日本に持ち込むとすれば、海外で獲得された所得に対しても、「居住者原則」によって日本の法人税率が適用される。したがって、本来、法人税率の国際的格差は、空洞化には無関係なはずなのである。

それに対して、この章で述べた問題は、関係する企業にとっては、法人税率の5%変化などとは比べものにならないほど大きな税負担の変化をもたらす。企業の行動に対しては、こちらのほうが遥かに重要な影響を与えるのである。それは、再編の方向に影響し、ひいては日本経済の活力に影響を与えるだろう。

活性化のための税制のポイントは、法人税率ではなく、企業再編税制や連結納税制度なのだ。

まとめ

1. 企業再編が活発化するにつれて、これに関する税制が重要になった。ここで問題とされるのは、資産の評価、含み損や繰越欠損金の扱いなどだ。
2. 連結納税制度も、企業再編のために重要な意味をもつ。ここでも、資産評価、含み損や繰越欠損金の扱いなどが問題となる。
3. 経済活性化のために重要な意味をもつのは、法人税率ではなく、企業再編税制である。

Chapter 7

第7章 社会の基本構造と税

税制改革の方向付けを考えるに先立って、社会の基本構造と税とは密接な関係があることを見よう。歴史上の革命の多くは、税に対する不満が原因となって起こった。

プライバシーの尊重と課税とは、衝突する場合が多い。どちらを優先させるかは、社会の基本的な価値判断だ。しかも、この基礎条件は、技術の進歩によって変化する。ＩＴは、課税の問題に関しても基本的な問題をわれわれに突きつけているのである。

1 革命は税が原因で起こる

マグナカルタと名誉革命

税に対する不満は、しばしば歴史的な大転換を引き起こす。というより、「市民革命」といわれるものの多くは、税を契機として勃発したのだ。

その最初のものが、イギリスの「マグナカルタ」である（Magna Cartaは、「大憲章」を意味するラテン語）。これがつくられた原因は、「暴君」ジョン王が、対仏戦争や十字軍遠征費用調達のためにかけた税であった。１２１５年6月15日、ウインザー城を出た王は、テームズ河にある小島ラニミードの草地で、封建領主の貴族たちに強要され、マグナカルタに署名をした。ジョン王は貴族の要求には機嫌よく応じたものの、執務室に戻るや否や怒り狂い、興奮のあまり床に倒れたといわれる。

マグナカルタは、王の専横を規制する63カ条の条文から成る。議会の承認がなければ課税されないとする恣意的課税禁止の原則を定めているので、「租税法律主義」のはじまりだとされる。もともとは封建貴族の権利を確認するためのものだが、近代になってから、国民の自由と議会の権利を擁護したものと解釈され、後述の「権利請願」や「権利章典」とともに、イギリス憲法の三大法典とされるようになった。原本は、ソールズベリー大聖堂、リンカーン城、そして大英博物館に保管されている。

17世紀のイギリスで起きたピューリタン革命や名誉革命の背後にも、税の問題があった。1603年、絶対王政の最盛期をイギリスにもたらしたエリザベス1世が死去し、スコットランド王ジェームズ6世がジェームズ1世として、イングランド・スコットランド共通王となった。彼は王権神授説の熱烈な信奉者で、議会を無視して王権の拡大をはかった。その前に立ちはだかったのが、「法こそ王である」と主張するエドワード・コークである。

コーク達は、1625年に即位して専制政治を強化しようとしたチャールズ1世に対して、28年に、「議会の同意を得ない課税や不法な逮捕・投獄は、イギリス人の権利と自由に反するものである」とする「権利請願」をつきつけた。しかし、三十年戦争に加担していたイギリスの財政は困窮し、王は戦費のための臨時課税を求めた。議会はこれに反発し、イギリスは内戦の時代へと突入する。

クロムウェルを指導者とする議会派は国王軍を破り、国王に死刑を宣告。49年、チャールズ1世は斧で首をはねられ、イギリスは共和国となった。これが「ピューリタン革命」である。クロムウェルの死後、王政が復活した。しかし、専制政治のために国民の反感を買い、チャールズ2世はフランスに亡命した。

1688年、議会はオランダ総督ウィレム3世を国王として招いた。彼は英語がわからなかったため国政には口を出さず、議会は翌年「権利章典」を法律として制定した。この革命は、流血が伴わなかったという意味で「名誉革命」と呼ばれる。イギリスの国民は、税をめぐって王権と対立し、勝利を勝ち取ったのである。

フランス革命

フランス革命を引き起こしたのも、税であった。当時のフランスでは、人口の98%を占めていた農民と商人からなる第三身分が重税に苦しんでいた。しかし、フランスの国家財政は、ルイ14世時代以来の戦争出費、アメリカ独立戦争への援助、そして宮廷の浪費によって窮乏し、第三身分への課税だけでは立ち行かなくなった。

これを打開するため、ルイ16世は、免税特権を持つ第一、第二身分の聖職者や貴族へ課税することを決断し、三部会を召集した。しかし、特権身分から大反対をうけて立ち往生した。これを見た第三身分代表の議員たちは、三部会に見切りをつけ、自分たちだけの議会「国民議会」を作った。ヴェルサイユ宮殿に付属する室内球戯場に集まり、憲法を制定すること、国王が国民議会を正式な議会と認めるまで解散しないことを誓った。これが有名な「球戯場の誓い」である。

つまり、課税問題をめぐって国王と特権身分が対立するという当初の構造が、国王と特権身分が団結して国民議会に対立するという構造に変化したのだ。その背景には、「聖職者や貴族は税負担義務から免れているのに、なぜ平民だけが重税を負担するのか」という強い不満があった。事態が平民を巻き込んだ革命に発展したのは、税のためなのである。

また、塩税への不満も強かったといわれる。塩は生活必需品であるため、昔からさまざまな国で課税の対象になっていたが、17~18世紀のフランスでも悪名高かった税だ。税負担が重いだけでなく、一定額を超える税収が取立てを請負う徴収官の収入になったためである。現在パリのマレ地区にあるピカソ美術館は、別名「オテル・サレ（塩の館）」と呼ばれる。これは、17世紀の塩税の徴収で財を成した貴族フォントネーの屋敷だったからだ。革命成功後の１７９０年に塩税は廃止された。しかし、１８０５年に復活し、１９４５年まで続いた。

ボストン茶会事件

アメリカ独立戦争でも、革命と税が直接的な形で結びついている。アメリカは、当初イギリス本国からは比較的自由な立場にあり、自治を認められていた。これを変えたのが、英仏戦争による出費だ。

アメリカ大陸ではイギリスの植民地の北西にある広大な地域はフランスの植民地だったが、イギリスとフランスはこれをめぐって長く対立した。ヨーロッパではプロイセンとオーストリアの間に七年戦争（１７５６~６３年）が起こった。イギリスと結んだプロイセンが、フランスと結んだオーストリアに勝利し、イギリスはフランス植民地の大部分を獲得した。

しかし、戦争の出費でイギリスの国庫は窮乏した。そこで、イギリスはアメリカに新税をかけようとした。砂糖法（１７６４年）、印紙法（１７６５年）が制定された。印紙法には猛烈な反対運動が起きたので翌年に廃止されたが、紙やガラスに対する輸入税が新設された。

1773年、Tea Act（茶法）が発布された。これは、東インド会社に茶販売の独占権を与え、イギリス本国での関税を免じ、植民地での消費に課税しようとするものだった。当時すでに喫茶の習慣はアメリカでかなり広まっていたので、これに対して強い反対運動が起こった。13植民地は、「代表なければ課税なし」（代表が出ていないところで決定された税金は納める理由がない）というスローガンのもとに団結して反対運動を展開した。

1773年12月16日夜、サミュエル・アダムズが組織した急進派「自由の息子たち」60名のグループが、モホーク・インディアンに変装し、ボストン港に停泊中の東インド会社の3隻の船を襲撃した。そして、「ジョージ3世のお茶会だ」と叫びながら、342箱の紅茶を海中に投げ捨てた。捨てられた茶は全部で1万5000ポンドもあり、ボストン港は紅茶の色に染まったという。この事件は、「ボストン茶会（Boston Tea Party）事件」と呼ばれる。

これに対してイギリスは、1774年にボストン港を一時閉鎖し、ボストンのあるマサチューセッツから自治権を取り上げ、イギリス軍が駐屯するなどの懲罰的な対応をとった。このため、本国と植民地の対立がますます深まった。そして、フィラデルフィアなどの港でも同様の事件が起こり、イギリスからの独立を求める気運が急速に高まった。

この年、13植民地の代表がフィラデルフィアに集まって第1回大陸会議（Continental Congress）を開催、ボストン港の閉鎖やマサチューセッツの自治権剥奪などに抗議を行なった。そして、1776年7月4日、大陸会議は独立宣言を公布したのである。

ボストンでは、いまでも観光客に茶箱を海中に投げ込ませている。不当な課税は革命の原因になることを人々に忘れさせないためなのだろう。

2 アメリカを変えた税制改革

プロポジション13号

1978年6月、米国カリフォルニア州で、「プロポジション13号」と呼ばれた住民提案が圧倒的多数で可決された。これは、《1》固定資産税の税率を「1%+有権者が承認する率」に抑える、《2》所有者が変わらない資産や新しい建築が行なわれない資産の場合には、以後の負担上昇率を「年率2%または物価上昇率のいずれか低い方」に限定する、という内容のものであった。

(ここで対象となったのは、Property Taxで、不動産税や財産税と訳されることもある。日本の固定資産税と似た税である。また住民提案制度とは、一定数以上の署名を集めれば、提案を住民投票で法制化できる制度である。多くの州にこの制度があり、選挙の際に多くの提案が住民投票にかけられる)

カリフォルニアでは、地方政府(市町村、郡、学校区、特別区)の税収のうち、固定資産税が占める割合は75%にも及んでいた。したがって、同州の地方財政は甚大な影響をうけた。郡の場合、固定資産税による収入は、1977―78年度の103億ドルから、78―79年度には50億4000万ドルにまで落ち込んだ。

カリフォルニアの動きは、他の州にも波及し、多くの州で何らかの固定資産税制度の見直しが行なわれた。こうした動きは「納税者の反乱」と呼ばれている。「大きな政府」に向けて拡大を続ける税負担に対して、納税者自身が歯止めをかけたという点で、まさに革命的な出来事だった。

もちろん、こうした動きに反対の人々も多い。一般市民や共和党が積極派である半面で、官僚、議会、民主党は反対ないし消極的だ。強い反対派としては、公務員の他に、歳出削減によって大きな影響を受ける教育関係者や、官公需に依存する企業などがある。なお、プロポジション13号に対しては、その内容が米国連邦憲法に違反し無効ではないかという訴訟が提起されたが、1992年6月の判決で、不備な点はいくつかあるとされたものの、基本的には合憲とされた。

この問題を考えるにあたって、日本と米国では、背景に大きな違いがあることに注意する必要がある。

第1に、米国の固定資産税の実効的な税率は非常に高いという事実だ。前頁で述べた税率は、時価評価額に対するものだ。バブル期に、カリフォルニアなどで不動産を買う日本の企業や個人が増えたが、固定資産税があまりに高いのに驚いて手放した例も多かったという。日本の固定資産税の標準税率は1・4%だが、これは時価よりは大幅に減額された評価額に対するものだ。時価に対する実効税率でみれば、住宅地の場合で0・1%程度でしかない。

第2に、米国の固定資産税は地方政府の主要な財源であり、しかも、地方政府に広範な裁量権が認められていることだ。そのため、税制は地方によって大きく違う。地方財政の自由裁量の余地が乏しく、外形標準課税を導入した東京都の試みが退けられてしまった日本とは大きく違う。

ただし、もっと重要な違いは、税制改革をめぐる基本理念だろう。プロポジション13号を成立せしめた原動力は、「経済を活性化するには政府の規模を小さくすべし」という理念だ。

レーガン税制改革

「小さな政府」という考えは、もともと米国で強かったものだが、1980年代のレーガン税制改革において具体的な政策として明確にされた。このときに行なわれた税制改革は、90年代のアメリカ経済繁栄の基礎になったと見ることができる。より詳しく見ると、レーガン税制改革は、1981年に行なわれた第1期改革と、86年に行なわれた第2期改革にわけられる。

第1期改革では、加速度償却制の導入や投資税額控除の拡充など、企業を対象とする減税が行なわれた。こうした政策がとられた背景として、インフレが償却不足を通じて企業の実質的な税負担を増加させ、その結果資本蓄積が阻害されたとの見方があった。しかし、こうした税制措置を行なっても、米国の経済は活性化しなかった。それらはむしろ、重厚長大産業や不動産投資を優遇することにしかならないとの評価が広がった。

そこで、86年改革では、租税特別措置は大幅に縮小されるか廃止された。また、所得税においても、各種控除が縮減され、課税ベースの拡大がはかられた。その半面で、所得税率の大幅引下げと税率の簡素化が行なわれたのである。

これに大きな影響を与えたのは、英国のサッチャー税制改革だ。それまで83%だった所得税の、79年に60％に引き下げた（88年には、40％と25％の2段階・フラット税率にした）。所得税は、70年代には最高税率が70％、税率区分が15段階であった。二度にわたるレーガンによって、これが28％と15％の2段階フラット税制になった。単に税率が下がっただけでなく、それまで所得税の基本的な理念とされていた超過累進税率構造を捨てたという点で、まさしく革命的な改革であった（その後、93年の改革で、最高税率39・6％、5段階の税率区分になった）。

この改革はいかなる影響をもたらしただろうか。経済学者による実証分析では、効果は限定的との結論が一般的だ。勤労意欲や貯蓄の促進に関しては、ほとんど影響を与えなかったとの結論である。

しかし、重要なのは、最高所得税率の大幅な低下によって、起業のインセンティブが高まったことだろう。特に、ベンチャー企業などのリスクがある事業の起業は、大きな影響を受けた。実際、レーガン税制改革以降、米国の開業率はつねに10％台の高水準で推移しており、廃業率を大幅に上回っている。90年代の米国では、規模が小さい企業が多数誕生し、経済の活性化に大きく寄与した。１９９４年から98年の間に、従業員20人未満の企業が生み出した新規雇用は約９００万人で、全米新規雇用の約8割を占めた。

こうした変化をもたらした大きな要因が、ＩＴ革命という技術面のものであったことは間違いない。しかし、最高税率を3分の1近くに下げてしまった税制改革も、間違いなく重要な役割を果たした。

90年代の米国の成長を支えた改革

米国の経済を牽引しているのは、ドットコムブームが去った現在においても、若くて小さい企業である。米国の経済誌FORTUNEのサイトに、急成長している米企業のリストがある。ここには、売上げや収益の成長率が年率100%とか200%という会社が多数示されている。それらはすべて小企業であり、しかも新しい会社だ。これらは、必ずしもIT関係のドットコム企業ではない。小売業なども多い。株価の推移を見ても、これら小規模企業の伸びが著しい。

創業者の自宅に拠点を置くミニ企業の数は、1200万から3700万社程度といわれる。事業の内容は、メンテナンス（清掃、建設、修繕など）とビジネスサービス（データ処理、グラフィックアート、会計など）が多い。エンジニアリングの分野では、全企業の9割が中小企業で、従業員数は平均4人だという。

これは、多くの米国人が、「企業に雇用される」という形態を捨て、自宅に作ったベンチャー・ビジネス、フリーランス、人材派遣会社からの派遣職員などの形態で仕事をするようになったことを意味する。つまり、「組織から個人へ」の移行が始まっているのだ。これは、産業革命で人々が農場を離れて工場で働くようになって以来の根本的な変化だと考えることができる。

こうした人々が現在の米国にどれだけいるのか。正確なことはわからないが、合計で約3300万人という推計がある。これは、米国全労働者の約4分の1であり、製造業の就労者（180

0万人）や公務員（2000万人）よりずっと多い。しかも、これは米国全体の数字だ。カリフォルニア州のような先進地域では、企業に雇用されている労働者は、全体の約3分の1でしかないという。つまり、自営業のほうがマジョリティになっているのだ。米国の経済にきわめて大きな変化が生じていることは間違いない。

3 アンネの日記と間口税

アンネの隠れ家は税が原因でできた

『アンネの日記』の作者アンネ・フランクは、アムステルダムの隠れ家で2年の間ナチのゲシュタポから逃れることができた。ユダヤ人狩りの厳しい捜索の中で、2年間も隠れて生活できたというのは、驚きだ。実は、この背景に昔の税があった。

中世のオランダには、窓の数を基準として税を課す窓税というものがあった。16世紀に、これが間口《まぐち》税という税になった。これは、建物の間口の広さを基準として税額を計算する税である。一定の床面積の建築なら、間口が狭く奥行きが深いほど税額が低くなる。

このため、オランダの家は、うなぎの寝床のように細長く、奥行きの深い構造になった。外から見ただけでは家の内部構造が分からない。だから、建物の奥に秘密の隠れ部屋を作ることができたのである。アンネの家族が隠れていたのはこうした建物の1つで、彼女はそこで日記を書き綴った。中世の税が『アンネの日記』を後世に残してくれたというのは、何とも不思議な因縁だ。

いまでもオランダを訪れると、運河沿いにこうした建物が隙間なく立ち並んでいるさまを見ることができる。軒先には、丈夫なフックや滑車が取りつけられている。引っ越しなどで大きな家具を出し入れするとき、玄関のドアを通すことができない。そこで、フックや滑車で家具をつり上げて、窓から出し入れするのである。家具を持ち上げやすくするように、建物自体が少し前のめりに傾斜している。

プライバシーの尊重が生んだ間口税

バルト3国にも同じ税があった。フランスには、戸窓税があった。革命後の1798年に創設されたもので、戸、門、窓の数によって税をかけた。この税は、第一次大戦まで120年近く続いた。

同じような税は、日本にもあった。江戸時代に店の間口の広さに応じて税金をかけた京都の間口税がよく知られている。

間口税や窓税などは、外からの観察だけで簡単に税額を決定できる税である。当時は取引記録について詳細な記帳義務を課すのが難しかったため、このような税を使わざるをえなかったのだろう。

しかしそれだけでなく、「徴税のためにプライバシーが侵されるのは望ましくない」という思想の影響もあった。窓税や間口税であれば、徴税当局は建築物の中に立ち入る必要はない。私有建築物の内部は、犯罪捜査の場合でないかぎり侵されることがない、神聖なプライバシーが確立された空間なのである。

また、私的経済活動の詳細なデータを明らかにする必要もない。経済活動が一定のルールにしたがうべきことは事実だが、ルールに合致している限り、その具体的データを誰にも明かす必要はない。

外部からの観察で容易に把握できる指標を基準として課税することを「外形標準課税」という。つまり、外形標準税とは、納税者のプライバシーを侵害することなく課税できる税だ。間口税や窓税などは、典型的な外形標準税なのである。

（法人事業税について外形標準課税が２００４年度から導入されることとなっている。付加価値を課税標準とする場合には、取引額のデータが必要だ。しかし、そこで必要とされるデータは、法人税や事業税の場合に必要とされるものに比べて、ずっと簡単である）

プライバシーを侵す税

プライバシーを国に対しても主張できるか否かは、国対個人の関係における基本的な論点の１つだ。徴税のために国に対してプライバシーを放棄しなければならないことは、大変重要な意味をもっている。

第１に、それは、「適正な課税の必要性に比べてプライバシーの重要度は低い」という判断を意味する。憲法は国民の納税義務を規定してはいるが、そのためにプライバシーを侵害してもよいとは規定していない。したがって、この判断は、議論の余地がありうるものである。

第2に、それは国に対する絶対の信頼を前提としなければ正当化できない。具体的には、徴税当局が得たデータは、徴税以外の目的には使用しないこと、守秘義務が完全に守られることなどの保障が必要だ。

所得税や法人税など「直接税」といわれる税は、納税者のプライバシーをかなり詳細に調査しないと税額を確定できないものである。収入額や支出額を明らかにする必要があるだけではない。所得税の場合には、配偶者控除や扶養控除などを受けるために、家族の状況を明らかにしなければならない。あるいは、障害者控除を受けるためには、障害者であることを明らかにする必要がある。しかし、配偶者の年収、離婚した場合にその事実、障害者に関する情報など、必ずしも明らかにしたくない情報もあるだろう。

税務署の職員は守秘義務を負っているからよいといえるかもしれない。しかし、日本の税制は、これ以上の問題を抱えている。『「超」納税法』ですでに指摘したことだが、給与所得者の場合、年末調整において右で述べた家族情報を会社の担当者に伝える必要があるからだ。そして、会社の担当者は守秘義務を負っていない。日本の所得税制度は、こうした深刻なプライバシー侵害の上に成り立っていることに注意しなければならない。

事業所得者や法人は、収入や支出の詳細な情報を税務当局に明らかにする義務を負っている。会議費や出張費であればその目的など、給与を支払っているとすれば支払い相手の氏名、住所、職務の内容などである。これらのすべてを確定申告書や法定帳簿に記すこととはされていないが、税務調査で質問があれば明らかにしなければならない。そうでなければ、必要経費や損金として適正なものか否かが判断できないからである。

会社の支出ではあるのだが支出先や支出目的を明らかにしたくない場合には、交際費・機密費・接待費等の名義で「使途不明金」として処理する必要がある。使途不明金は法人税の計算上、損金と認められない。つまり、納税者がプライバシーを確保したいと思えば、ペナルティーを支払わなければならないわけだ。

このように、現在の日本では、所得獲得活動に関する限り、国に対するプライバシーは否定されているのである。

プライバシーを侵さぬ税

税の教科書には、「公平」「中立性」などの課税原則が述べられている。しかし、「プライバシー侵害の最小化」は、課税原則の1つとは考えられていない。これは不思議なことだ。また、直接税の徴税は、住民基本台帳よりも詳細な私的データについての開示を要求しているにもかかわらず、プライバシー保護を叫ぶ人がそれを糾弾しない。これも不可解なことだ。

間口税や窓税が課されたのは、間口の広さや窓の数が、その家の富を表わす指標だと考えられたからだ。現在でもそうした相関関係がないわけではないが、適切な指標といえないことも事実である。現代の社会で間口税や窓税を復活させようとすれば、アナクロニズム以外の何物でもあるまい。

しかし、所得や富の代理となりうる指標は、現代の社会にも存在する。それは、「消費」である。消費税や付加価値税は、消費を基準として課される税である。そしてこれらは、税負担者のプライバシーをまったく侵すことなしに課税できる税だ。

もちろん、間接税の課税において、業者の売上げや仕入れは調べる必要がある。しかし、これは業者の取引記録であって、税負担者である消費者のデータではない。業者の記録には、売上げの総額は残されているが、どの商品をどの消費者に販売したという類の情報は残されていない。消費者のプライバシーは保護されているのである。われわれは、消費税や付加価値税が持つこうした特性を、もっと評価すべきだろう。

ヨーロッパ大陸では、付加価値税が税収の中でかなり大きなウエイトを占めている。これは、間口税や窓税に見られた思想が背後にあるからだといえよう。

4 インターネット時代の間接税

国際間取引が増加すると税に深刻な問題が生じる

インターネットを通じる電子商取引が一般化すると、課税が困難になる場合が発生する。まず問題となるのは、付加価値税や消費税のような間接税だ。とくに大きな問題が発生するのは、国際間取引である。

すでに第2章の3で述べたように、付加価値税や消費税では、輸入には課税することとしている。日本の消費税においては、輸入する貨物についての消費税納税義務者は、「その貨物を保税地域から引き取る者」とされている。個人輸入の場合のように通関業務を他に委託して輸入貨物を引き取る場合には、納税義務者は、通関業者ではなく、通関業務を委託した者だ。

輸入取引の場合の納税義務者は、国内取引の場合のように事業者に限定されないし、免税点などの規定も設けられていない。したがって、サラリーマンや家庭の主婦なども、外国貨物を輸入すれば消費税の納税義務者となる。郵便物で輸入される場合は、関税・輸入消費税の合計金額が1万円未満であれば、郵便局員が郵便物を配達する際に請求される。合計税額が1万円以上であれば、郵便物は配達されず課税通知書が配達され、最寄りの郵便局本局で税金を納めて郵便物を受け取る。

インターネットが普及する前は、カタログの請求、注文書の郵送、送金などに面倒な手続きが必要だったため、個人輸入はさほど多くなかった。インターネットでの注文が可能になって状況が一変し、個人が直接外国に注文する輸入が増えてきた。こうした少額の商品にいちいち課税するのは大変だ。今後さらに個人輸入が増えれば、徴税のための人件費は無視できなくなるだろう。

付加価値税にしても消費税にしても、税を負担するのは消費者だが、納税義務者は一般には事業者とされている。そして、事業者は国内にいることを大前提として税制が構築されている。付加価値税や消費税に限らず、そもそも税制が想定するのは、経済活動の大部分が国内で行なわれる世界である。ところが、インターネットは簡単に国境を越えてしまう。というより、インターネットの世界では、もともと「国境」という概念が殆ど意味を持たない。従来の国家観をベースにした税制が、新しい技術の前で本質的な問題に直面しているのである。

デジタル財への課税

さらに難しいのは、ソフトウェアや音楽などのデジタル財への課税だ。これらは、インターネット回線を通じて直接に個人のコンピュータにダウンロードされるため、取引の捕捉自体が困難である。個人取引だけでなく、企業間の取引についても課税もれが発生する可能性がある。

ＥＵ（欧州連合）におけるこれまでの付加価値税では、ＥＵ域内の業者によるサービスの提供には課税してきたが、ＥＵ域外からのデジタル財の購入に関しては課税してこなかった（というよりも、課税できなかった）。これは、ＥＵ域内の事業者の立場を不利にするものとされていた。

この問題に対処するため、ＥＵ内で消費されるものはＥＵ内で課税する制度の導入が検討されてきた。２００２年5月に欧州評議会は、インターネットを通じて提供されるサービスと有料のラジオ・テレビ放送に対して付加価値税を適用する案を採択した。同法案を03年7月1日までに導入することを、ＥＵ加盟国に義務づけている。

新しいルールの下での課税は、つぎのようになる。

《1》企業間取引については、デジタル財の輸入企業が自国で自己申告する。

《2》ＥＵ加盟国間の企業から消費者への取引については、財の供給業者の所在地で課税する。

《3》ＥＵ域外企業からＥＵ域内の消費者への取引については、域外事業者が域内のいずれか一国を選んで登録をし、その国の税率でその国に納税する（ただし、ＥＵ域内消費者への売上総額が年間10万ユーロ以下の企業は免税）。

《4》ＥＵ域内企業からＥＵ域外消費者への取引については、ＥＵの付加価値税制は適用されず、消費者の所在地の税を適用する。

ＥＵ域内の全電子商取引収入の約9割を占める企業間取引については、域外事業者に新たな義務は発生しない。《1》によって、輸入業者がこれまでと同じく自己申告によって納税するからである。従来と変わるのは、《3》の「ＥＵ域外企業からＥＵ域内の消費者への取引」だ。域外業者はEU域内の登録国で納税し、登録国から消費者の居住地に税収が配分されることになる。しかし、EU内で最低税率国であるルクセンブルクに税収が集中するという問題が生じており、英国などの高税率国が批判している。

このことからも分かるように、この問題が複雑になるのは、1国だけの都合で決めることができず、国際的なコンセンサスが必要となるからだ。最大の問題は、電子商取引に対する間接税課税の基本姿勢が、米国と欧州とで大きく異なっていることである。米国は世界的に見て、IT産業における優位性をもっている。他方で、連邦税は直接税中心だ。したがって、概して、電子商取引非課税が国益にかなっている。

これに対して欧州は、IT産業での優位性が低い。その半面で、国家財政の付加価値税に対する依存度が高い。だから、これまで域内取引には課税してきたのである。このため、欧州の消費者にとって、これまでは米国からの購入が有利になっていた。しかし、今回の新ルールが適用されれば、米国からの購入にも付加価値税が課されることになる。そこで米国は、米国企業の締め出しだとして、反発している。

課税しなければ税収が減る

米国は、電子商取引への売上税免除方針を明確にしてきた。1998年に成立したネット課税凍結法（The Internet Tax Freedom Act）は、2001年10月21日までの3年間は、電子商取引に売上税を課さないこととしていた。これをさらに２００３年11月までの２年間延長する法案が２００１年に上下両院を通過し、ブッシュ大統領が署名して発効した（米国の売上税は小売段階に課される単段階間接税だ。そして、連邦税ではなく地方税となっている。課税対象や税率は地方により異なる。売上税が課せられていない州も５つある）。

しかし、この措置が売上税の税収を減少させたのも事実である。２０００年７月に米会計検査院（ＧＡＯ）が発表した報告書によれば、インターネット商取引が非課税であることによる税収の減は、合計で38億ドルに上る。この数字は、２００３年には１２０億ドル以上になる可能性があるという。

テネシー大学の推計によると、電子商取引への売上税免除による税収減は、２００１年度で１３３億ドルに上る（日本経済新聞２００１年10月８日付）。企業間の電子商取引の急成長に伴い、税収減は２００６年には４５２億ドルに増大すると予測されている。このように、税収減は、かなり深刻な問題だ。

税収減に対して、州及び地方政府は、これまで税率の引上げで対応してきた。米国の売上税率は、中位数でみて１９７０年には３・25％だったが、１９９０年には５・０％に上昇している。税収が伸び悩めば、税率がさらに上昇する可能性があると予想されている。

これ以外の問題もある。電子商取引を免税にすれば、同じ商品を販売している店舗を持つ業者が不利になる。だから、小売業者の団体は、免除措置に反対している。

他方で、１００名を超える議員が、インターネット取引への課税を永久に禁止する新法案

(The Internet Tax Non-Discrimination Act）に支持を表明している。また、シリコンバレーなどのＩＴ産業中心地をかかえるカリフォルニア州の議員は、従来の凍結措置を5年間延長する法案を提出している。このように、米国内の意見も必ずしも一様でない。インターネットという新しい技術に対する課税の基本姿勢は、まだ混沌状態なのである。

5 バーチャル企業への課税

IT時代には国境を越えるバーチャル企業が可能になる

インターネット時代には間接税の課税が難しくなると、4で述べた。その原因は、つぎの2つであった。

第1は、電子商取引は簡単に国境を越えることだ。このため、外国の事業者に課税する必要が生じる。第2は、取引が行なわれた事実や取引の詳細（取引金額や内容など）を課税当局が把握しにくくなることだ。

所得税や法人税のような直接税においても、同様の問題が発生する。というより、間接税の場合より深刻な問題が発生する。間接税の場合の問題は、取引されるデジタル財やサービスに対して課税するのが難しいということだった。直接税では、所得獲得活動そのものが捉えにくくなる。とくに、国境を越える事業については、非常に複雑で厄介な問題が生じる。

IT時代においては、共同して仕事をするために、人々が一箇所に集まる必要はない。ネットワークでデータを交換しながら仕事をすればよいからだ。こうした形態の企業は、「バーチャル企業」と呼ばれる。バーチャル企業では、伝統的な企業とは違って、本社、営業所、工場などが、必ずしも物理的な意味での施設として存在しなくてもよい。これらは、ネット上に置かれることになるのだ。

このため、バーチャル企業は、新しい形態での国際化を可能とする。これまでの国際化は、主として貿易を通じるものだった。つまり、生産された財が国境を越えるという形態で行なわれた。しかし、IT時代においては、企業活動そのものが国境をまたがって行なわれる。デジタル財を外国に売るだけでなく、例えば米国の企業がインドや中国に住んでいる技術者を使ってサービスを供給するといった分業形態が一般化する。IT時代のグローバリゼーションとは、こうしたものだ。

ところで、法人税や所得税などの直接税は、所得獲得者の「居住地」がどこかを決めなければ課税ができない。しかし、バーチャル企業の本社や営業所や工場は、ネットの上にある。これでは、所得の源泉がどこの国にあるのかがはっきりしない。

そこで、「バーチャル経済活動がどこで行なわれたと考えるか」を規定しなければならない。サーバの位置などで決めようとすると、所得者の生活上の拠点と経済活動の拠点が別の国になることもありうる。

こうした条件下では、いくつかの問題が生じる。第1は、関連する人が住むすべての国から課税されるという二重課税の問題だ。これを防ぐため、伝統的な経済活動に関しては、外国企業が支店などの「恒久的施設」(PE：Permanent Establishment) を設けない限り、事業所得への課税を行なわないという国際的な原則が確立している。

しかし、ＩＴ時代のＰＥが何かは、はっきりしない。電子商取引では、ウェブサイトがＰＥになるのではないかという議論もあったが、直接税に関してはウェブサイトはＰＥとならないとされた。

しかし、ＰＥが何かという条件が明確になったわけではない。これが曖昧のままだと、今度は逆に、簡単に租税回避が出来てしまうかもしれない。これが第2の問題だ。

第3は、損失が発生した場合の問題だ。収益があがっているうちはＰＥがあるとされる国の課税当局は文句をいわない。しかし、損失が発生して税還付が必要な事態になると、損金算入を否認する可能性がある。

国の国際競争力が問われる

バーチャル企業では、コンサルタント、公認会計士、弁護士、弁理士などの専門家をプロジェクトごとに集めて仕事をする場合が多い。経営者やマネージャーでさえ、固定的ではない。定常的な仕事のためのプログラマーやデータ処理専門家なども外注によって調達する。

これらの人々は必ずしも国内の居住者ではない。インドや中国など別の国に居住する人々が共同作業に従事することは十分ありうる（賃金水準に大きな格差があることを考えると、こうした国の人々を使うほうが効率的だろう）。彼らに対する支払いを会計上どのような形態で行なうかによって税制上の扱いも異なるが、給与なら、国外の受取り者にも所得税の源泉徴収を行なう必要があ税制では、非居住者（国内に住所がなく、引き続き1年以上居所を有しない人など）が獲得源泉の所得については、原則として国内源泉所得の20％が源泉徴収されることになっている（ただし、租税条約により免除または軽減を受けられる場合もある）。これはかなり重い負担だ。税負担がこれより軽い国はいくらでもあるので、人材獲得の国際競争で不利になる。したがって、優秀な人材を他の国に取られてしまうといった問題が生じるだろう。

また、バーチャルカンパニーそのものも、日本の法人税が高いために逃げ出すといった事態が生じるだろう。こうして、税が原因となって国そのものが国際的な競争にさらされることになる。

税負担が重いだけでなく、規制が多いことや通信費が高いという問題もある。賃金水準も高いし、企業活動を支えるインフラも十分でない。ＩＴ時代の経済活動の本拠地として、日本は適切な場所ではないのだ。そこで、企業が日本から逃げ出し、他の国に本拠地をかまえることが考えられる。そうなると、日本に残るのは、古くて非効率な産業だけということになってしまう。

これこそが、真の意味での空洞化だ。税収不足を補うために税率を上げれば、空洞化はさらに加速化する。こうして悪循環に陥るおそれがある。

金融では、税負担の軽い国を利用して税金を回避する動きがすでに一般的だ。ネットワークの世界でも同じことが生じる可能性が高い。インターネット社会では、国家という枠組みの中で税金を徴収しようとする仕組み自体が、根本的な見直しを迫られることになるのだ。

電子マネーによる完全な匿名性

いま1つの問題は、電子マネーの普及である。これは、インターネット上で流通する通貨だ。暗号で守られているので、完全な匿名性が確立できる。この点で現金と同じである。

これまでも、飲食店やパチンコ店など、現金収入が大部分を占める業種では、税務当局が売上げを把握しにくいという問題があった。電子マネーが普及すると、キャッシュで取引しているのと同じことになる。だから、取引記録を当局から完全に隠蔽することができる。さまざまな経済活動が「現金商売」になってしまったのと同じことになり、把握が難しくなる。売上げだけではない。電子マネーで給与や経費を支払えば、いくら払ったかが分からない。相手が外国の企業や個人だと、チェックのしようもないだろう。そのうえ連絡を暗号化してしまえば、事業の内容は外からはまったく把握できなくなってしまう。

課税の前提は、取引の詳細を税務当局が正確に把握しうることだ。しかし、ITの発達は、これを不可能にする。税に関して基本的な問題が投げかけられているのである。税務当局の立場からいえば、「租税回避が助長される」ということになる。しかし、納税者の立場からいえば、私的な経済活動に関しては、「神聖なプライバシーが確立される」ということだ。

古い時代に間接税が中心になったのは、取引の正確な記録が分からなかったために直接税を課せられなかったからだ。近代になって帳簿記帳の義務が徹底され、直接税の課税が可能になった。

しかし、ＩＴ時代になると、また逆戻りすることになる。そして、公平な課税という要請と、プライバシーの確保という要請を両立させることは、非常に難しい課題となる。

３で述べたように、中世のヨーロッパでは、プライバシーと税の徴収を両立させる方策として、間口や窓の数で課税する方式をとった。しかし、インターネット時代において、間口や窓に相当するものを見出すことは不可能だろう。

まとめ

1. 世界史における主要な革命は、税に対する不満をきっかけとして生じた。
2. アメリカのレーガン税制改革は、その後のアメリカ経済の活性化に重要な役割を果たした。
3. ヨーロッパ大陸では、「間口税」に見られるように、「プライバシーを侵さない税」が伝統的に重視されてきた。
4. インターネット時代には、国境を越えるデジタル財の把握が難しくなること、バーチャル企業への課税が困難なこと、電子マネーによって匿名性が確立されること、などの問題が発生する。

Chapter 8

第8章
いま必要な税制改革は何か

この章では、あるべき税制改革の方向付けについて論じる。ここで強調されるのは、税制に関する理念の確立が最重要事ということだ。所得税に対して支出税が優れていることを指摘し、それに沿った税制改革の方向付けを提唱する。

1 迷走する日本の税制改革

2003年度税制改正

本書でこれまで述べてきた方向付け、とりわけ、第7章で述べたことと比較すると、日本の税制改革は大きな問題をかかえている。

それを論じるに先立って、まず2003年度税制改正の内容を見よう。ここでの主要な増税項目としては、発泡酒とたばこがある。また、所得税の配偶者特別控除が04年1月から廃止されることとなった。

また、相続の新しい仕組みが導入された。これは、贈与時に贈与財産に対する贈与税を支払い、相続時に贈与財産と相続財産を合計して相続税額を計算し、そこからすでに支払った贈与税を控除する仕組みだ（「相続時精算課税制度」と呼ばれる）。

65歳以上の親から20歳以上の子への贈与が対象になる。この制度を選択した場合の贈与税の額は、非課税枠を超える部分について20％の一定税率で計算される。非課税枠は現行の110万円を大幅に上回る2500万円に設定された。住宅取得資金の場合には、05年末までの特例として3500万円となり、贈与者の年齢制限が撤廃される。さらに、相続税・贈与税の最高税率を現行の70%から50%に引き下げることとした。

こうした内容を見て誰もが首をひねるのは、「この税制改革は構造改革とどう関連しているのか?」ということだろう。

発泡酒やたばこの増税は、02年度税制改正に際しても問題になったもので、2年越しの課題である。それほど「重要な」改革だったわけだが、税収の増加以外には、改正が必要な理由が何も思い浮かばない。もちろん、「たばこ税を増税すれば喫煙者が少なくなって、日本社会が住みよくなる」といった理由付けができなくもない。しかし、牽強付会《けんきょうふかい》もいいところだろう。私は、構造改革を声高に叫びながら実際には発泡酒・たばこ増税しか論議していない02年度税制改正を「ジョーク」だと評したことがあるが、03年度の税制改正も同じ結果になってしまった。

配偶者特別控除の廃止は、「戦後初の所得税増税」という意味では「重要な」ものだ。しかし、これも単なる増収策としか思えない。何らかの社会哲学に基づくものとは思えないのである。もし「女性の社会進出を促すため」というのなら、配偶者控除そのものを廃止すべきだろう。特別控除だけを廃止するというのは、誠に中途半端だ(もともと、制度の存在自体がはっきりした理由に基づくものではなかったのだが)。

贈与税の非課税枠拡大は、明らかに住宅建設の促進をにらんだ景気対策である。これは、今回の税制改革論議の過程で、最初から強い政治的圧力があったものだ。すでに550万円までの住宅建設のための贈与税非課税枠が認められていたのだが、住宅産業を支えるためにこの拡大が必要と主張されていた。

相続時精算課税制度自体は住宅に限定されない一般的なものだが、数千万円の贈与が現実に問題になるのは、大部分の場合に住宅であろう。つまり、小泉内閣は、「住宅産業を援助する」という点では、明確な姿勢をとったわけだ。

そしてこれは、「構造改革」という目標とは、明らかに矛盾する。構造改革というなら、古い勢力を弱め、新しい勢力の台頭を支援すべきだろう。そのためには、相続税を強化すべきである。とくに、相続税の特別措置を整理すべきである。また、仮に構造改革のために相続税や贈与税を活用するなら、対象は住宅ではなく教育である。これは、『「超」納税法』で何度も強調したことだ。

数千万円の資産移転なら「庶民的」なものといえるかもしれない。しかし、最高税率の引き下げは、ごく少数の「超」資産家向けの減税措置である。最高税率は、控除や評価減額をした後の課税資産のうち、20億円以上の部分に適用される。こうなる人は、年間に十数人しかいない。

このように、構造改革と真っ向から対立する税制改革が行なわれるのは、小泉内閣が掲げる「構造改革」が空虚なスローガンに過ぎないことの何よりの証拠だ。

消費税と外形標準課税

税制改正大綱では、消費税の益税解消策（非課税限度と簡易課税限度の引き上げ）と外形標準課税の導入についても触れている。ただし、導入は２００４年度とされている。これらのいずれも、かなり大規模な増税となりうる。つまり、「将来の税収確保」という観点からすれば、本当の意味で「重要な」ものだ。

消費税については、改正によって本来あるべき姿に近づく。だから、必要なことだ。第1章でも述べたように、私自身も「益税」の享受者なので、簡易課税の限度引上げは、大変辛い。しかし、それにもかかわらず、益税解消は不可欠と思っている。

外形標準課税は、現在の所得課税と代替するものとして考えれば、一定の合理性をもっている。現在検討されているのは地方税たる事業税への導入であるが、本来は、法人税そのものを外形標準化すべきである。しかし、所得課税と並存では、単なる増収策に終わってしまう。大企業に限定というのも、説得力を欠く。また、何を「外形標準」とするかも問題だ。通常は、資本金、人件費などがいわれるが、最も理想的なものは、「キャッシュフロー」である。

これらは、税制の根幹にかかわることだから、本来は先送りすべきものではない。しかし、どちらに対しても相当強い反対が予想されるため、04年から実施とされている。果たして合意形成ができるのだろうか?

小泉税制改革の実態

2002年1月4日、紋付はかま姿で記者会見に現われた小泉首相は、「今年は税制改革の年」と言った。それにもかかわらず現実の税制改革は、以上のような迷走ぶりだ。この原因として、自民党税制調査会の強さを指摘する声が強い。確かにその通りなのだろうが、根本的な問題は、「哲学の欠如」にある。

つぎのようなジョークがある。

問い　「小泉構造改革とは何か？」

答え　「郵貯を民営化し、銀行を国営化すること」

国の役割を大きくするのか、それとも小さくするのか？　どちらが基本方向なのかが、皆目分からないのである。サッチャーやレーガンの税制改革は、評価は別問題として、その基礎になった社会哲学自体は非常に明確であった。

小泉構造改革に欠如しているのは、改革の基本理念である。それがないから、党税制調査会の長老支配を切り崩すことができない。制度改革を現実の世界で実現するために最も重要なのは、政治的指導力ではなく、明確でゆるがない改革哲学なのである。

経済の構造改革とともに、税制の構造改革も重要だ。税収が歳出総額の半分にも届かない事態が、近い将来に起こりえない保証はない。これは異常な事態だ。日本国債の格付けがボツワナのそれを下回るのは、将来の償還財源のあてがないからである。国債価格の暴落と金利の高騰は、決して杞憂や脅しではない。

「経済活動攪乱効果を最小にしつつ、将来の税収を確保しうる税制を確立すること」は、一刻の猶予も許されない緊急の課題だ。「先行減税か、税収中立か」などというのは、この問いに対する基本的な答えが用意されてからあとの問題である。

それでは、将来の主要な税収をどこに求めるのか？　外形標準課税方式の法人税なのか、それとも消費税か？　それとも、所得を課税ベースとする所得税や法人税を改革して、将来ともに主要な税と考えてゆくのか？　この点について、税制改正大綱は、何の展望も示していない。これで「構造改革のための骨太税制改革」といえるのであろうか？

2 日本経済活性化のために何が必要か

最も重要なのは理念

1の最後に述べたことを繰返せば、現下の日本の税論議に欠けている最大のものは、基本的な理念である。一貫した理論や理念に導かれた税制改革提案は、ほとんど見られない。

実際になされている議論は、自らが属する業界に関係する税への軽減要求だ。株価下落におびえた経済団体からは、証券関連課税を一時ストップせよという、耳を疑うような提言までなされた。

すでに述べたように、相続税・贈与税については、住宅産業からの強い圧力で、2003年度の税制改革が実現した。しかし、これは、誠に奇妙な改革だ。住宅資金の親子間の移転が進んだところで、日本経済が抱える根本問題が解決されるとは到底思えない。また、これは典型的な「金持ち優遇策」だ。相続税・贈与税はすでに特例措置でズタズタになっているが、その状態がさらにひどくなった。

相続税についての最も基本的な論点は、公平の問題であり、社会の活力との関係である。資産の家族内の移転を無制限に認めれば、社会階級は固定化する。社会の活性化とは、まったく逆の結果がもたらされるだろう。しかし、こうした根本問題が議論されることはないままに、税制だけが変えられた。

税制改革論議において、なぜ理念が重要なのだろうか？　それは、現実の政策はつねに利害対立を生むからだ。そして、誰にとっても受け入れられる改革というものは、存在しないからだ。

マグナカルタの時代に比べればいうまでもなく、フランス革命や米独立戦争の頃と比べてさえ、議会の性格は変化した。現代社会の議会は、納税者一般を代表して権力者に対するというよりは、納税者の中のさまざまな部分を支持勢力とし、それらの要求を実現するための場になった。市民革命の歴史をもたない日本では、なおさらそうである。

現代の日本の税制改革をめぐる状況を煎じ詰めれば、一方に財政赤字解消と増大する財政需要に対処するために、政治的摩擦が最小限な方法で増収をはかろうとする財政当局がいる。そして他方には、個別産業と自民党の結合勢力がいる。税制改革といわれているものの実態は、前者からの増税のもくろみと、後者からの個別的減税要求との間の、力ずくの交渉に他ならない。だから、明確な理念がないかぎり、税制改革は支離滅裂なものとなり、単に集票のための手段となる。

このまま進めば、行く先は見えている。まず、インボイスなしの欠陥税制のままで、消費税の税率が引き上げられるだろう。他方で、所得税、法人税、相続税などの直接税は、個別要求に応じるための特別措置で蚕食され、不公平で、しかも経済活力をそぐものとなるだろう。そして、源泉徴収と年末調整に依存するサラリーマン税制は、何も改革されることはないだろう。

法人減税で経済が活性化するか？

法人税についての議論をみても、「日本経済活性化」という抽象的な理念の段階ではコンセンサスがあるが、具体策の段階では業界利益を反映したものにしかならない。

実は、法人税に関する議論を正確に行なうのは、それほど簡単なことではない。最大の問題は、「法人税の負担を誰が負うのか」がはっきりしないことである（この問題は、税理論では「帰着」といわれる）。「〇〇株式会社」といった法人は生き物ではないのだから、これが法人税を最終的に負担するはずはない。法人税の負担は、製品価格の引上げを通じて消費者が負うか、賃金の引下げを通じて従業員が負うか、あるいは株主が負うかである。しかし、現実にはこのいずれが実現するのかがあまりはっきりしない。大企業の場合にはことにそうだ。このために、「法人税の改革」という具体的手段と、「日本経済活性化」という抽象的な理念がうまく結びつかない。

実際、通常行なわれている議論には、税理論や経済学の初歩的な原則を無視したものが多い。例えば、「日本の法人税が高いために企業活動が海外に流出してしまう」といわれる。しかし、これは間違いだ。

第1に、製造業が生産拠点を決める際の最も重要な要因は、賃金の格差であり、法人税率の格差ではない。第2に、現在の国際課税原則の下では、日本の企業である限り、工場をどこに立地しようと、収益を日本に持ち帰るかぎり最終的には日本の税率が適用になる。だから、どこに生産拠点を置こうが、最終的な税負担は変わらない。つまり、法人税の税率の国際的な違いは、本来は企業活動の立地に対して影響を与えないはずなのである。

あるいは、「法人税が高いと投資活動が抑制される」といわれる。しかし、投資のための資金が借入れによって調達される限り、これも間違いだ。なぜなら、投資によって利益が増加すれば法人税は増加するが、半面で借入れの利子が損金算入されるために、法人税が減るからである。結局、借入れで投資を行なう場合には、これら2つの効果が相殺して法人税負担は変わらない。したがって、法人税の税率は投資活動に中立的なはずなのである。

重要なのは起業促進であり、個人に対する課税だ

以上で述べたことは理論的な原則論だから、現実の現象をすべて説明できるものではない。理論的に法人税が企業活動に中立的であるとしても、企業経営者が錯覚を抱いているために企業の決定が法人税の影響を受けるということはありえなくはない。また、実際には個人事業であるような法人企業も多いだろう。この場合の法人税とは実は所得税と同じものであるから、法人税負担の増加は、企業活動に抑制的に働くだろう。

ただしそうであっても、最低限つぎのことはいえる。つまり、法人税の負担軽減によって利益を受けるのは、主として古いタイプの産業だということだ。創設直後の新しい企業は利益がないから、法人税はあまり重要な問題ではない。

ところで、「経済活性化」という目的にとって重要なのは、古いタイプの企業を助けることではなく、新しい企業の誕生と成長を促すことだ。実際、現在の日本における最大の問題は、新しい企業が生まれないことにある。ＧＥＭ（Global Entrepreneurship Monitor、米国バブソン大学と英国ロンドン・ビジネススクールによる世界各国の起業家マインドのアンケート調査）の２０００年のレポートによると、日本の起業率は１％で、37カ国中の最下位だった。韓国の14％、米国の13％などと比べて著しく低い。

もちろん、日本の起業率が低い原因は、税だけではない。しかし、税もきわめて重要だ。ここで重要なのは、個人に対する課税である。なぜなら、起業に出資するのは個人だからである。とくにリスクの高い事業の場合には、直接金融（個人投資家による直接の投資、あるいは、ファンドなどを通じる投資）でないと機能しない。銀行からの融資では、起業は行ないにくいのだ（事業が失敗した場合でも銀行から取り立てされるから、あまりリスクの高い事業はできない。また、銀行としても、事業成功の報酬を受け取ることはできないから、安全重視になる）。

第7章の2で述べたように、米国のレーガン税制改革においても、その後の経済活動に影響を与えたのは、第1期に行なわれた法人税減税ではなく、第2期に行なわれた所得税の改革であった。レーガン税制改革の最大の教訓は、経済活動に大きな影響を与えるのは、法人に対する税の改革ではなく、個人に対する税の改革だということだ。

新しい企業が成長してこそ、産業構造が変わる。それによってこそ、新しい経済環境に対応することができる。また新しい雇用機会を創出することも可能になる。日本経済活性化のために最も重要なのは、起業のための条件を整えることなのであり、税制改革の最重要のポイントは、起業を支援する環境を整備することである。

3 私の税制改革提案

所得と消費のどちらに課税するか

税制の議論で最も重要なのは、基本原理の明確化である。なかでも、「所得に課税するか、消費に課税するか」という問題だ。

これは、日本で通常議論されるような「間接税としての消費税か、それとも直接税としての所得税か」という問題ではない。「直接税の課税対象として所得を選ぶか、消費を選ぶか」という問題だ。実際、以下で述べるように、「消費に課税すべし」と信じる人々が提案するのは、「支出税」とよばれる直接税である。

この問題は、英国、米国の抜本税制改革では、最も基本的な論点として議論されてきた。レーガン税制改革に先立つ『米財務省報告（ブルー・プリント）』（1977年）においても、サッチャー改革に先立つ『ミード報告』（1978年）においても、この問題が中心課題として論議された。現実の税制改革案でも、たとえば1995年に米・共和党のドメニチ上院議員と民主党のナン上院議員が共同で提案した租税改革法案は、支出税の導入をめざすものであった。

しかし、このような議論は、日本では行なわれたことがない。これが最も基本的な論点であるという認識すらない。学者の怠慢としかいいようがない。これは、「公平」という問題がきわめてあいまいに扱われていることの証拠でもある。後述するように、所得と消費のどちらを基準として公平を要求するかで、税の具体的な形は大きく変わるからだ。

「所得か消費か」という問題は、古くはジョン・スチュアート・ミルやホッブズの時代から議論されてきた。そこでは、「所得は社会への貢献を表わすから、これに課税することは適当ではない。これに対して、消費は社会が共有する生産物のプールからの取り出しだから、これに課税するのが公平な税である」とする考えが主張された。

しばしば、「消費を課税ベースにすると、低額所得者に不利になる」といわれる。しかしそれは、所得を基準に公平を考えるからだ。もし、消費を基準に公平を考えるなら、「所得を課税ベースにすると、貯蓄された所得にも課税されるため、社会に対する貢献が大きい人が不利になる」という結論になる。

1920年代から40年代にかけて、米国の指導的な経済学者アーヴィング・フィッシャーによって、「支出税」(Spendings Tax)が提案された。これは、「所得のすべてではなく、処分された所得のみに課税する」という考えである。この基礎にあるのは、「貯蓄は課税がなされたあとで残されたものであるにもかかわらず、所得税の下では、それが生み出す利子に対しても課税がなされるから、二重課税になる」という考えだ。

「貯蓄二重課税論」は日本でも主張されることがあるが、税の専門家は、「利子も所得であるから、これに課税することは二重課税でない」として簡単に退けてしまう。しかし、フィッシャーが提起した問題は、「そもそも所得に課税することが適切でない」ということなのだ。貯蓄二重課税論が俗論として退けられ、それが深められない点に、日本における税論議の浅さが象徴されている。フィッシャーの提案は、米上院で繰返し検討された。この考えは、その後イギリスの経済学者ニコラス・カルドアによって支出税構想として結実した。

支出税は所得税とどこが違うか

所得と消費はどこが違うのか？　所得を使途からみれば、「消費＋貯蓄」となる。したがって、支出税が所得税と異なるのは、「所得のうち貯蓄（投資）したものには課税しない」ということである。その半面で、貯蓄の取崩しは負の貯蓄とみなされるから、課税の対象となる。具体的な数値例でいえば、つぎのとおりだ。

いま、年間６００万円の給与を得るサラリーマンがいるとしよう。このうち毎年１００万円を貯蓄しているなら、支出税における課税ベースは５００万円である。退職後に毎年５００万円だけ貯蓄を取崩して生活するとすれば、支出税における課税ベースは５００万円となる（簡単化のため、所得控除を無視する）。所得税の場合には、勤労・貯蓄期における課税ベースは６００万円であり、退職後・取崩し時における課税ベースは、（利子がゼロと仮定すれば）ゼロである。これからわかるように、支出税とは、「資産の蓄積に課税せず、取崩しに課税する税である」といってもよい。

多くの国の所得税は、所得税と称しながら、実は支出税の考えの影響を受けている。だから、原理的に一貫した税体系になっていない。これが最も明確に現われるのは、未実現キャピタルゲインの扱いだ。

すでに述べたように、所得とは「消費＋貯蓄」である。ところで貯蓄は資産の純増に等しい。したがって、所得税の課税ベースを使途面から規定すれば、「消費＋資産の純増」となる。したがって、所得税の原則からすれば、未実現のキャピタルゲインも課税ベースに含めなければならない。支出税では、未実現キャピタルゲインは貯蓄される所得だから、課税されない（「未実現キャピタルゲイン」とは、保有したままの土地や株式の値上がり益を指す。売却して現金化された利益が、「実現したキャピタルゲイン」である）。

ところが、現実の税制では、未実現キャピタルゲインには課税されない。だから、所得を課税ベースとしていないことになる。所得税において、実現、未実現の区別をすべきでないという議論が屁理屈でないことは、土地を担保にして借り入れをすれば、実現したのと同じ効果が得られることから明らかだろう。

支出税における課税ベースを別の観点からいえば、「長期にわたって平準化した所得」であるといってもよい。消費は所得ほど変動せず、また長期累計では所得と消費は一致するからである。したがって、所得税か支出税かという問題は、「所得を定義する期間の取りかたの問題」だといってもよい。毎年の所得に課税するのが所得税で、長期に平準化された所得に課税するのが支出税だ。

アンドリュース、ケイ、キングなど支出税の現代的な支持者は、この点を重視する。毎年変動する所得でなく平準化した所得に課税するのが合理的であることは、『「超」納税法』においてすでに述べた（第9章）。

混乱している現実の税制

現実の税制は、この点でも混乱が見られる。まず、退職所得や長期譲渡益のように長期間にわたって蓄積されてきたとみなされる所得に対して、累進度緩和のために平均化措置が講じられる。しかし、所得税の考えに忠実なら、長期所得を軽減する必要はない。むしろ、課税を繰延べてきた結果として、重課すべきだ。

また「変動・臨時所得の平均課税」や「一時所得」という制度があり、一時的に所得が増えた場合に累進度を軽減する措置がとられている。しかし所得税は毎年の所得に課税するのだから、所得税では、本来はこうした措置は不要のはずだ。これは、支出税的な考えの影響なのである。しかし、他方において、損失の繰越や繰戻しには、強い制約が課されている。もし長期的に平準化した所得に課税するのが望ましいのであれば、繰越や繰戻しは無制限に認められるべきだ。

要するに、現実の所得税は、所得を定義する期間について一貫した原則をもっていないのである。直接税の基本原理は混乱しているとしかいいようがない。

以上の議論は、公平の観点からのものであるが、経済活動に与える影響の考慮も重要だ。消費

（あるいは長期的な所得）を課税ベースとする税は、経済活動に中立的であることが知られている。支出税の現代の支持者は、この点をも重視する。私は、公平の議論からしても、また中立性の観点からしても、支出税が望ましいと考えている。

なお、法人税の課税ベースを支出税と整合的なものにするには、投資を全額控除する必要がある。つまり、現在の利潤課税方式から、キャッシュフロー法人税への転換が必要だ。これは、外形標準課税の一種として現実に議論されているものだ。

私の税制改革提案

支出税の考えにしたがって日本の直接税を改革するなら、具体的な内容はつぎのようになる。

《1》課税が軽くなるもの

支出税では、貯蓄は課税対象から控除される。本来は貯蓄のすべてを控除するのだが、それを一挙に実現するのが難しければ、一定の条件を満たす貯蓄のみを控除の対象とすることが考えられる。

とりわけ重要なのは、老後のための積み立てだ。具体的には、公的年金だけでなく、企業年金、私的年金、長期の養老保険、４０１ｋなどの掛け金を全額所得控除する。なお、企業年金の特別法人税（年金積立金の運用収益に対する課税。現在、課税停止中）は、当然廃止される。

《2》課税が強化されるもの

他方で、負の貯蓄（資産の取崩し）に対しては課税がなされる。ただし、他の資産に再投資されるなら、課税されない。

これを実現する1つの方法は、「適格資産勘定」という仕組みを作ることだ。そして、「適格」と認められた資産への再投資は控除する。例えば、上場株式が適格資産とされるなら、株式を売却しても別の株式に全額投資するなら、課税されない。また、利子が元本に加えられるなら、それには課税されない。現在の税制でも、未実現のキャピタルゲインは課税されていない。支出税では、この扱いは完全に正当化される。

税負担増が目に見える形で現われるのは、年金課税の強化だ。現在の制度では、年金所得は課税対象になってはいるが、手厚い所得の控除が認められている。このため、多くの場合に課税がなされない。公的年金の場合、保険料支払い時点において全額所得控除され、給付時点における課税が著しく軽減されている。これは所得税、支出税のどちらの原則からも正当化しがたい扱いだ。所得控除の限定化ではなく、給付に課税しようとするのが支出税の考えだ。退職金についても、課税は強化される。現在の税制では退職金に対して課税軽減措置が取られているが、支出税の下では、これはなくなる。

これまで、年金給付の総額は、経済規模に比べてそれほど多くなかった。しかし、今後は、かなりの比率になる。したがって、年金課税は税収全体の動向を左右する重要な要素になる。また、経済全体の貯蓄率も急速に低下している。これは、負の貯蓄が経済全体として増えていることを意味する。したがって、年金給付だけでなく、一般的に資産取崩しに対する課税が税収に大きな影響を与えることになる。

税で年金の移転を相殺する

支出税が理論的に優れているとされながらこれまで実現しなかった最大の理由は、移行の過渡期において二重課税が発生することだ。

所得税から支出税への切り替えは、労働期（資産蓄積期）の課税から、退職後期（資産取崩し期）の課税への切り替えである。したがって、長期間で比較すれば、一生を通じる負担は不変のままで、課税の時期がずれるだけのことである。しかし、移行期間においては、問題が生じる。

従来は所得税原則で課税がなされていたが、あるときから支出税原則に切り替えられるとしよう。この切り替えと同時に蓄積期から取崩し期に移行する人々は、課税された残りを貯蓄したにもかかわらず、それを取崩す際に再び課税される。したがって二重課税されることになる。

特別措置としてそうした世代には取崩し課税を行なわないこととすれば、貯蓄控除の影響だけが残って、税収が全体として落ち込んでしまう。そうでなくとも税収の落ち込みが激しい現状において、それ以上の落ち込みをもたらす改革は不可能だ。だから、どうしても取崩し課税を同時に行なう必要がある。

もしいま支出税への切り替えを行なうとすれば、二重課税されるのは、われわれの世代以上の世代だ。ところで、日本ではこの世代は特殊な立場にあることに注意が必要だ。なぜなら、生涯に支払った保険料を遥かに超える公的年金の給付を受けるからである。それに対して若年世代は、生涯に支払う保険料をかなり下回る年金給付しか受けることができない。つまり、公的年金制度を通じて、巨額の世代間所得移転が行なわれているのだ。

支出税への切り替えによる税負担の増加は、年金制度を通じるこのような移転を相殺する効果をもつと解釈することができる。つまり、税と公的年金制度とを合わせて考えれば、世代間の移転は公平なものになると考えられるのだ。

世代間戦争

第3章の2で述べたように、現状のまま推移すれば、消費税の税率引上げが行なわれるだろう。消費税の比重増大は、課税ベースが所得から消費に移るという点では、支出税への切り替えと同じものだ。したがって、私は消費税の増税には必ずしも反対ではない。しかし、消費税はいくつかの問題をもっている。

第1に、インボイスなしの消費税率引上げは、たいへん大きな問題をもたらす。これについては、第1章ですでに詳しく述べた。

第2に、間接税だけでは公平の問題を解決できない。とくに、年金所得や退職金所得への課税軽減措置を現状のままにして消費税だけを増税するのは、きわめて大きな問題だ。

第3に、消費税だけで所要の税収をあげるのは無理だろう。将来増大する年金給付を仮に消費税率引上げだけでまかなうとすれば、税率は15％をこえる。これは、現在のＥＵ並みの税率だから実現不可能なものではないとしても、短期間にそこまで引き上げるのは不可能だ。

第4に、消費税負担は意識しにくいため、納税者意識が明確にならない。増税項目として消費税が選ばれるのは、消費税が広く薄い課税であるために問題が尖鋭化せず、政治的な抵抗が生じにくいことにある。

以上を考えると、消費税の増税だけで将来の税制を支えるのは無理だ。直接税の改革は不可欠である。

これまで述べてきたことから明らかなように、いま日本で必要とされる税制改革の本質は、世代間戦争である。今後の経済を支える人々に対する課税を軽減し、資産を取崩す人々に負担を求めようとするものだ。

〈私の税制改革提案〉の項の《1》、《2》で述べた改革は、若年層の支持を得られるだろう。税制改革は若年世代が主導しなければ実現できない。

他方で、「老後の生活の糧である年金の課税を強化するとはなにごとか」という強い反対が生じる。本書の読者諸氏にも、そう考える方が多いだろう。私自身も、個人的な利害からいえば、年金所得に対する課税強化は願い下げにしたい。

だから、私は自分たちの世代に不利な提言を行なっていることになる。しかし、日本全体の立場からは、こう考えざるをえない。支出税の基本的な考えを繰り返せば、富の蓄積に寄与する人々への負担を軽減し、蓄積された富を取崩す人々に負担を求めるということだ。経済が急速に成長していた時代には、富の蓄積に課税しても、経済活動を大きく抑制することにはならなかった。しかし、今後の日本は、きわめて低率の成長しか実現できない。そうした経済を維持するには、支出税の公平原理が大変重要な意味をもつ。

こうした改革は、年金受給人口が増えてしまったあとの時点では、政治的に不可能になる。なぜなら、年金と高齢者税制の維持だけを綱領とする政党として、「年金党」が誕生する可能性があるからだ。

この政党は、年金世代の利益だけを追求し、他の政策課題には、柔軟に妥協する（こうした政党は、「シングル・イシュー・パーティー」と呼ばれる）。だから、たとえ少数党であっても、年金と高齢者税制に関してはきわめて強い発言力をもつ。こうして年金も税制も政治的に手がつけられない聖域となってしまう。

年金党は、団塊世代が退職した以降には、決して仮想の話ではなくなる。それが現実化すれば、日本の財政制度の改革は永遠に不可能になる。改革はきわめて緊急の課題なのだ。

まとめ

1. 税制改革にあたっては、基本理念の明確化が何より重要である。現在の日本では、基本理念が不在であることが問題だ。
2. 日本経済活性化のためには、起業の促進が必要であり、このために重要なのは法人税減税でなく、個人に対する課税の適正化だ。
3. 所得税原則から支出税原則への転換が望ましい。ここで焦点となるのは、貯蓄に対する課税、とくに年金に対する課税である。

カバーイラスト　松川けんし
本文イラスト　木口俊也
装幀　新潮社装幀室

あとがき

本書は、『週刊新潮』に2002年10月31日号から2003年6月12日号にわたって連載した『「超」納税法』をまとめたものである。単行本化にあたって、順序を大幅に入れ替えた。本書は、2003年1月に刊行された『「超」納税法』の続編にあたる。

高齢化社会における主要な財源として、消費税が注目されている。その税率引上げは、近い将来に政治アジェンダに登場するだろう。しかし、消費税の仕組みは、意外に理解されていない。とくに、消費者が負担した税が取引の各段階でどのように納税されてゆくか、適切な納税のためにはいかなる仕組みが必要か、などについて、多くの人が不十分にしか理解していない。インボイスを欠く現在の消費税の仕組みでは、益税などの不合理な問題が発生すること、高税率時代には不可欠と考えられる生活必需物資の非課税措置を行ないにくいこと、などの問題を指摘した。

税制は、経済活動に大きな影響を与える。最近では、企業活性化のための企業分割や統合に関する税制の重要性が注目されている。また、資産価格の下落などにともない、損失の税制上の扱いが注目されている。これらは、従来とは異なる注目点といえよう。本書では、これらについても議論を行なった。

税制改革は構造改革の最も主要な手段と考えられ、「骨太の改革」が必要とされながら、現実には殆ど改革らしい改革が行なわれていない。最大の問題は、改革を主導すべき基本理念が明確でないことであろう。本書では、「支出税」の考えを基本とした税制改革構想を提示した。

『週刊新潮』連載時には、同誌副編集長門脇護氏、同誌編集部鈴木雅哉氏、井上保昭氏にお世話になった。また、税理士の鈴木修三氏には、原稿をチェックしていただいた。単行本化にあたっては、新潮社出版部庄司一郎氏にお世話になった。これらの方々に厚く御礼申し上げたい。

２００３年11月

野口悠紀雄

は行

ま行

や行

ら行

わ行

た行

な行

さ行

索引

ABC & 123

あ行

か行

「超」税金学
(ちょうぜいきんがく)

2003年12月20日　発行

著者　野口悠紀雄 (のぐち・ゆきお)

発行者 佐藤隆信
発行所 株式会社新潮社
〒162-8711　東京都新宿区矢来町71
電話［編集部］03（3266）5411
［読者係］03（3266）5111
http://www.shinchosha.co.jp
印刷所　大日本印刷株式会社
製本所　株式会社植木製本所

本書は、『週刊新潮』連載
『「超」納税法　税を通して見る日本社会』
(2002年10月31日号〜2003年6月12日号)
をまとめたものである。

ISBN4-10-432903-7　C0033